Christoph Peter Baumann

Humor und Religion

Christoph Peter Baumann

Humor und Religion

Worüber man lacht – oder besser nicht

KREUZ

Bibliografische Information der Deutschen Bibliothek
Die Deutsche Bibliothek verzeichnet diese Publikation in der Deutschen Nationalbibliografie; detaillierte bibliografische Daten sind im Internet über http://dnb.ddb.de abrufbar.

© 2008 Verlag Kreuz GmbH, Stuttgart
Postfach 80 06 69, 70506 Stuttgart

www.kreuzverlag.de

Konzept, Gestaltung und Realisierung:
© Agentur initiale, Sandhatten 2008
Satz/Layout: Wolfgang Eggerstorfer

Umschlaggestaltung: Bergmoser + Höller Agentur, Aachen
Umschlagmotiv: © Nebelspalter-Verlag

Druck und Bindung: CPI – Clausen & Bosse, Leck
Printed in Germany

ISBN 978-3-7831-3121-5

Inhalt

Einleitung 8

Christentum 14

Judentum 63

Islam 91

Religionen in Indien 123

Hinduismus 133

Sikh 159

Buddhismus 167

Humor in der Kritik an Religionen 183

Einleitung

Hört der Humor auf, wo die Religion beginnt?

Die Publikation der zwölf Karikaturen des Propheten Mohammed am 30. September 2005 in der dänischen Zeitung »Jyllands-Posten« hat zu weltweiten Protesten geführt. Dabei stellt sich die Frage, ob sich Religionen und Humor gegenseitig ausschließen. Sind vielleicht religiöse Menschen – und Muslime im speziellen – humorlos? Humor hat sehr wohl seinen Platz in den Religionen. Der wichtige Unterschied ist der jeweilige Umgang mit den heiligen Werten und den religiösen und kulturellen Normen. Zudem ist wichtig zu wissen, wer über wen oder was Witze macht. Wenn ein Kapuziner-Pater Witze über Kapuziner in Umlauf bringt, zeigt das kritische Selbstironie. Wenn hingegen Nicht-Katholiken den Papst oder Nicht-Muslime Mohammed karikieren, können die Produkte schnell plump und diffamierend wirken.

Leider gibt es keinen allgemein gültigen Gradmesser, von dem wir ablesen könnten, wo ein Witz oder eine Karikatur eingereiht werden müsste auf der Skala von 1: »absolut unbedenklich; harmlos« – über 5: »bissig; über den Geschmack lässt sich streiten« – bis 10: »verletzend; gehört verboten«.

Was ist Humor?

Humor (lat. »humor« = Feuchtigkeit) gilt auf den ersten Blick als die Fähigkeit, ein Lachen hervorrufen zu können. Bis heute ist keine umfassende Theorie des Humors entwickelt worden. Man weiß inzwischen wenigstens, dass Lachen als ein Kulturphänomen an eine bestimmte historische, soziale und personelle Konstellation gebunden ist. Humor zeigt sich in den verschiedensten Formen. So gibt es zum Beispiel einen »Welt-Lachtag«[1], Lach-Yoga,[2] den »Lachclub Recklinghausen«[3], »Gelotologie –

die Wissenschaft vom Lachen«[4] und zahlreiche Humor-Websites und Bücher zum Thema.[5]

Mit einem Blick ausschließlich auf das Ergebnis von Humor könnte man sagen, dass Humor alles ist, was Lachen hervorbringt – sowohl das Lachen über sich selbst als auch das mehr oder weniger vernichtende Lachen über andere.

Humor kann verschieden sein

Humor hat mit innerer Größe zu tun. Humor ist die Fähigkeit, über sich selber zu lachen, sich selber witzig zu finden. Humor zu haben bedeutet, über den Dingen zu stehen, ohne jedoch die Dinge kontrollieren zu wollen. Ein humorvoller Mensch ist großzügig, geduldig und gelassen. Er kann jedes Spiel verlieren und bleibt trotzdem Sieger, denn er hat die nötige Distanz und geht das Leben locker und spielerisch statt verbissen an. Humor führt insgesamt zu einer spielerischen Einstellung. Und damit macht Humor den Menschen erst human. Humor kann aber auch verletzen. Der Spruch »Schadenfreude ist die reinste Freude« hat da sicher seine Berechtigung. Ob dies dann noch Humor ist, möchte ich in Frage stellen. Humor ist manchmal aber auch, wenn man trotzdem lacht.

Humor hat mit Lachen zu tun, aber beispielsweise beim Auslachen ist auch schnell einmal die Grenze überschritten. Zynismus wird oft als Humor bezeichnet, ist es aber nur bedingt.

Besonders schwierig wird es, wenn innere Gefühle verletzt werden. Sei es, dass liebe Angehörige oder Religiöses lächerlich gemacht werden, zum Beispiel wenn ein als Papst Verkleideter Menschen »segnet«, Karikaturen über Mohammed verbreitet oder Buddha für Werbung missbraucht wird: Für viele Gläubige der jeweiligen Religionsgemeinschaft ist dies Einerlei; sie reagieren häufig verletzt.

Humor und Religion

Um nochmals auf die Grundfrage zurück zu kommen: Hört der Humor auf, wo die Religion beginnt? Humor und Religion lassen sich durchaus vereinbaren, wie wir bei einem kurzen Blick in die Religionsgeschichte sehen können. In Altchina beispielsweise wurde der Donner als »Lachen des Himmels« bezeichnet.[6] Aus der griechischen Antike dagegen ist Baubo als eine weitgehend rätselhafte Gestalt aus der Mystik bekannt. Nach der Legende von Eleusis war sie eine Magd, die durch einen obszönen, den Unterleib entblößenden Bauchtanz die Göttin Demeter zum Lachen brachte und sie trotz der Trauer um die vom Unterweltgott geraubte Tochter Persephone aufheiterte.[7]

Auch in den heutigen Religionen hat Humor seinen Platz, wie in diesem Buch gezeigt werden soll. Humor hat immer auch mit moralischen Grenzen und ethischen Werten zu tun. Das heißt, was sich innerhalb dieser bewegt, kann als humorvoll verstanden werden, was außerhalb ist, als humorlos und verletzend. Diese moralischen Grenzen und ethischen Werte sind von der jeweiligen zeitbedingten Kultur und der Gesellschaft abhängig. In der westlichen Welt ist eine fortschreitende Libertinage festzustellen. Die Schwelle, ab welcher etwas als anstössig empfunden wird, rückt immer weiter nach unten. So war zum Beispiel in den 1950er-Jahren auf einer Fotografie in einer Zeitung oder Zeitschrift allein schon das Zeigen eines Brustansatzes anstößig. In der westlichen Welt darf heute praktisch alles gezeigt werden. Das macht sich auch im religiösen Bereich bemerkbar. So wurde beispielsweise 1959 Konrad Fahrners Bild einer gekreuzigten Frau noch von der Staatsanwaltschaft beschlagnahmt, während die Kreuzigungsszene des Popstars Madonna im Jahr 2006 keinerlei strafrechtliche Konsequenzen hatte.

Wenn den »Islamisten«, die gegen die Mohammed-Karikaturen protestierten, kurzerhand der Humor abgesprochen wird, ist dies einseitig. Ob eine Karikatur als bösartig oder scharfsinnig empfunden wird, hängt auch von der Perspektive und Betroffenheit der Betrachtenden ab, schreibt Hansjörg Biener.[8] So können Muslime durchaus Humor haben, aber sie lachen nicht unbedingt über das Gleiche wie zum Beispiel westliche Menschen.

Ausdrucksformen des Humors

Humor hat verschiedene Ausdrucksformen. An erster Stelle steht der Witz. Das lateinische »sal« bedeutet auch Witz, »salsus« (gesalzen) ironisch.[9]

Ein Witz ist im heutigen Sprachgebrauch ein kurz formulierter Sachverhalt, der in der Pointe die plötzliche Option eröffnet, dem angebotenen Sachverhalt nicht mehr mit dem gebotenen Ernst zu begegnen.

»Witz« kommt vom althochdeutschen Begriff »wizzi«, wissen. Im älteren Sprachgebrauch bezeichnet Witz eine raffinierte Gebrauchsform des Verstandes, in der heutigen Form beschreibt es die Gewitztheit. Der Bedeutungswandel vollzieht sich infolge der allmählichen Einbürgerung eines verkürzten Ausdrucks, der eigentlich eine »gewitzte Anekdote« bezeichnen soll. Nach Sigmund Freud werden Witze nicht gemacht, sondern ereignen sich. Ein großer Teil der Witze sind Wanderwitze, also Witze, deren Pointe oder Inhalte in unterschiedlichen Zusammenhängen erzählt werden. So gibt es zum Beispiel Wanderwitze, die in den verschiedenen Religionen vorkommen, deshalb verzichte ich bei den Witzen meistens auf Quellenangaben. Die Anekdote ist eine prägnante Wiedergabe einer wahren oder erfundenen Begebenheit, die den Charakter eines Menschen oder einen Zustand erhellt. Im Gegensatz zu einem Witz wird in einer Anekdote die Handlung einer bestimmten Person in einer bestimmten Situation zugeschrieben. Die Grenzen zwischen einem Witz und einer Anekdote sind fließend. Anekdoten bedürfen einer knappen Form mit einer Pointe, um richtig zu wirken. So wie es Wanderwitze gibt, kann die gleiche Anekdote von verschiedenen Personen erzählt oder können wesentliche Details anders dargestellt werden.
Ein Cartoon ist eine Grafik, die eine komische oder satirische Geschichte in einem Bild erzählt. Während ein Cartoon mehr eine frei erfundene Geschichte oder Situation illustriert, werden ernsthaft gezeichnete Kommentare zum politischen Tagesgeschehen mit kritischer Absicht als Karikaturen bezeichnet.[10] Das Wort »Karikatur« leitet sich vom italienischen Verb »caricare« (beladen) beziehungsweise von »caricatura«, einem Fachwort der Malerei ab, das »Überladung, Übertreibung« bedeutet.[11] Die Grenzen zwischen einem Cartoon und einer Karikatur sind ebenfalls fließend, deshalb werden die Begriffe oft als Synonyme verwendet.

Wann ist ein Cartoon oder eine Karikatur »gut«?

Marlene Pohle, Präsidentin des internationalen Verbands der Cartoon-Organisationen, sagt: »Der Gag muss sofort erkannt werden.« Ein Cartoon braucht Witz, Ironie und hohe grafische Qualität. Wenn er all das nicht besitzt, ist er schlecht, vor allem, wenn er albern oder unverständlich ist.[12]

Der Karikaturist Albert Wüst erwartet von einem Karikaturisten, dass er den Gegenstand, den er karikiert, sehr genau kennt und dazu ein Verhältnis hat – positiv oder negativ. Dem Zeichner sollte es ein Anliegen sein, auf einen Zu- oder Missstand hinzuweisen. Eine Karikatur darf auch satirisch-böse sein, aber am besten mit einem Augenzwinkern.[13]

Der Cartoonist »Pfuschi« (Heinz Pfister) zeichnet regelmäßig auch Cartoons zu religiösen Themen. In einem Interview[14] wurde er von Wolf Südbeck-Baur gefragt:

» Gibt es bei religiösen Themen Grenzen, die sie nicht übertreten würden?«
» Ich würde keine Pointe entwickeln, die keinen sinnvollen Bezug zum Thema anbietet. Sich einfach nur lustig machen und etwas in die Pfanne hauen, ist nicht die Idee eines Cartoons. Er will hintergründig in die Tiefe gehen und neue Perspektiven aufzeigen.«
» Darf man also auch Gott karikieren?«
» Ja, ich finde schon. Jeder hat ein Bild von Gott. Einige sehen ihn auf den Wolken, andere sehen ihn anders. Ein Cartoonist muss Vorstellungen hinterfragen und seine eigene Sicht aufs Papier bringen, damit er den Dialog führen kann. [...] Im Cartoon versuche ich, eine neue Variante dieser Gottesvorstellungen zu zeichnen, indem ich die Figur in eine Situation hineinstelle, die der Betrachter nicht kennt. So zeige ich mit meinem Denkraster eine andere Möglichkeit, mit Gottesvorstellungen umzugehen.«

Ein Cartoon soll zum Gedankenaustausch anregen. Religiöse Gefühle dürfen aber nicht verletzt werden.

Pressefreiheit – Recht auf Beleidigung?

Die Karikaturen von Mohammed haben – neben weltweiten Protesten – zu einer globalen Diskussion um Pressefreiheit, Bilderverbot und Religionsfreiheit geführt.

Keine Freiheit ist ein absolutes Recht, sondern ist immer relativ zu betrachten. Die Pressefreiheit hat dort ihre Grenzen, wo einzelne Menschen beleidigt werden oder Rassismus ins Spiel kommt, wo die Atmosphäre vergiftet wird und Konflikte ausgelöst werden, die man nicht mehr kontrollieren kann. Sicher muss sich jemand, der in der Öffentlichkeit steht, allerlei gefallen lassen. Bundeskanzlerin Angela Merkel wird überzeichnet, so zum Beispiel von vom Karikaturisten Roger Schmidt[15]. Damit muss sie leben, auch wenn manche Karikaturen bitterböse sein können. Hingegen muss sie sich nicht beleidigen lassen. Goethe schrieb schon vor 200 Jahren:»Erlaubt ist, was sich ziemt.« Die Pressefreiheit ist keine Vollmacht für Beleidigungen, dies hat auch der Schweizer Presserat in seinen»Medienethischen Grenzen satirischer Medienbeiträge«[16] festgestellt. Dazu bemerkte er:»Religiöse Symbole dürfen in der Satire verwendet werden, sofern sie nicht verunglimpft und lächerlich gemacht werden«.

Anmerkungen

[1] www.humor.ch/kataria/worldlaughday.htm

[2] www.lacheinfach.com

[3] www.lachclub-recklinghausen.de

[4] Mehrere Quellen, zum Beispiel: www.lachinstitut-berlin.de

[5] Zum Beispiel: Christian Müller: Die Rolle von Humor bei der Bearbeitung von Konflikten. Institut für Frieden und Demokratie, Fernuniversität Hagen 2005.

[6] Hans Bidermann: Knaurs Lexikon der Symbole. CD-Rom-Ausgabe. Digitale Bibliothek, Band 16. Berlin 2004. S. 224.

[7] ders. S. 125.

[8] Hansjörg Biener: Politische Karikaturen und Religion, in: Michael Klöcker/ Udo Tworuschka (Hgg.): Handbuch der Religionen. München 2006. S. 1.

[9] Bidermann, a.a.O. S. 371.

[10] http://de.wikipedia.org/wiki/Cartoon

[11] http://de.wiktionary.org/wiki/Karikatur

[12] Interview in der Basler Zeitung, 22.5.2007.

[13] Gespräch des Autors mit Albert Wüst.

[14] Aufbruch. Zeitung für Religion und Gesellschaft 5/2006. Schwerpunktthema: Satire. S. 5.

[15] www.karikatur-cartoon.de/karikatur/karikaturen16_merkel_schroeder.htm

[16] Nr. 8/96: Medienethische Grenzen satirischer Medienbeiträge (EMD c.»Nebelspalter«), vom 7. November 1996. Im Internet unter: www.presserat.ch/9608.htm

Christentum

Einführung

Alle Religionsgemeinschaften, die auf Jesus Christus zurückgehen und ihn als maßgebliche Persönlichkeit anerkennen, werden zum Christentum gezählt oder zählen sich selber dazu und bilden als Gesamtheit die größte Religion mit weltweit etwa zwei Milliarden Gläubigen. Gemeinsame Basis ist der Glaube an den einen Gott, der sich den Menschen offenbart hat. Seine Offenbarungen und seine Geschichte mit den Menschen sind in der Bibel festgehalten. Dieses Buch ist grundlegend für alle Christen. Die Wurzeln des Christentums gründen im Judentum. Christen glauben, dass der erwartete Messias in Jesus Christus bereits erschienen ist, gekreuzigt wurde und wieder auferstanden ist. Sie glauben, dass damit die Botschaft Jesu, das Evangelium, bestätigt wurde, die besagt, Gottes Reich sei nahe.

Die Christen sind in mehreren hundert Kirchen und Gemeinschaften organisiert, die sich nur teilweise gegenseitig anerkennen. Die drei größten Gruppen sind die römisch-katholische Kirche, die Kirchen der Reformation und die ostkirchlichen Orthodoxen.[1] Dass der Vatikan nur die römisch-katholische Kirche als »Kirche« anerkennt und die anderen Kirchen lediglich als »kirchliche Gemeinschaften«, braucht uns hier nicht zu interessieren.

So vielfältig wie die christlichen Kirchen und Gemeinschaften sind auch die Einstellungen zum Humor. Wir beschränken uns hier vor allem auf die römisch-katholische und die evangelische Kirche.

Unbefangener Umgang mit Bildern

Christen haben grundsätzlich einen sehr unbefangenen Umgang mit Abbildungen von Gott, Jesus und anderen heiligen Persönlichkeiten.

Allerdings gab es immer wieder große Auseinandersetzungen innerhalb der christlichen Kirchen über das alttestamentliche Bilderverbot. Trotz des Bildersturms während der Reformation im 16. Jahrhundert, konnte sich auch die Mehrheit der Evangelischen wieder mit Bildern anfreunden. Der Zürcher Reformator Ulrich (oder Huldrych) Zwingli (1484-1531) widersetzte sich nicht der profanen Kunst, sondern nur den Kultbildern, die zum »Götzendienst« gebraucht wurden.[2] Damit auch die des Lesens Unkundigen die Bibel kennen lernen konnten, wurde die »biblia pauperum«, die so genannte Armenbibel, geschaffen. Sie führt Begebenheiten der christlichen Heilsgeschichte (von der Verkündigung bis zur Krönung Mariens im Himmel) in Wort und Bild vor Augen, wobei das Bild wichtiger war als das Wort. Als eine Art der Armenbibel wurden in manchen Kirchen großartige Wandgemälde geschaffen, auf denen biblische Szenen zu sehen sind. Im 19. Jahrhundert prägte vor allem der Maler Julius Schnorr von Carolsfeld mit seinen Illustrationen die Bibeln in manchen Kinderzimmern.

Christlicher Blasphemieskandal

Wäre in der christlichen Welt ein Skandal wie der mit den Mohammed-Karikaturen möglich? Heute brauchte es dafür schon einiges mehr als noch vor einigen Jahrzehnten.

Kurt Fahrner (1932-1977), ein engagierter Schweizer Künstler, setzte sich für die Menschenrechte ein. Konkret kämpfte er für die Rechte der Frauen und gegen ihre Vermarktung im Sexgewerbe. Seine Waffe war der Pinsel, mit welchem er das Gemälde »Bild einer gekreuzigten Frau unserer Zeit« malte. Damit nahm er konkret Bezug auf die ausbeuterische Prostitution auf Kuba. Er präsentierte das Bild im April 1959 auf dem Barfüsserplatz in Basel auf der sogenannten »Klagemauer«.[3] Die Beschlagnahmung des Werkes und die Einleitung eines Strafverfahrens waren die Konsequenz. Eine hitzige öffentliche Debatte über Religions- und Pressefreiheit brach los. Das Verfahren endete 1960 vorerst mit der Verurteilung wegen Störung der Glaubens- und Kultusfreiheit. Erst 1980, also nach seinem Tod, wurde die Beschlagnahmung durch das Basler Appellationsgericht aufgehoben und das Bild der Familie zurückgegeben. Mit seiner Aktion wollte Fahrner keinen Skandal auslösen, sondern aus einem tiefen Bedürfnis heraus wirkungsvoll an die Öffentlichkeit gelangen.[4]

Auch Rolf Hochhuths Theaterstück »Der Stellvertreter« provozierte einen Schweigemarsch junger Christen. Kurt Fahrner organisierte eine Gegendemonstration. Auf seinem Transparent stand: »Freiheit für die Kunst«.[5] Heute sind sogar stumpfsinnigste Tabuverletzungen wie die Kreuzigung der Sängerin Madonna 2006 möglich, ohne dass es zu einem Aufstand käme. Um heute bei uns zu provozieren, bedarf es mehr. Höchstens – meist kleinere – evangelikale Freikirchen reagieren empört.

Sind Christen humorlos?

»Du sollst lachen und scherzen und dadurch die teuflischen Gedanken verjagen und guter Laune sein!«

Diese Aussage des Reformators Martin Luther steht ganz im Gegensatz zu dem Philosophen Friedrich Nietzsche. Dieser soll nämlich gesagt haben, dass die Christen erlöster aussehen müssten, um ihnen die Erlösung abnehmen zu können. Andere bezeichnen Christen schlicht als humorlos. So sei jemand entweder Christ oder verfüge über Humor. Diese Vorwürfe enthalten sicher ein Körnchen Wahrheit. In einigen evangelischen Kirchgemeinden der 1950er Jahre feierte der Puritanismus Hochkonjunktur. So galt zum Beispiel, dass ein Christ einfach leben soll. Das Essen musste spartanisch sein, denn der Weg über die Zunge sei kurz. Auch galt, dass ein Christ sein Gesicht nicht hinter einer Maske verstecken dürfe, das heißt, ein Christ durfte nicht mit Fasnacht feiern. Ein Christ tanzt nicht. Ein Christ lacht nicht.

Die satirische Zeichentrickserie »Popetown« entfesselte in jüngster Zeit in katholischen Kreisen einen Sturm der Entrüstung. Der eher dürftige Vampir-Song von DJ Bobo führte sogar dazu, dass evangelikale Christen eine Bittschrift an die Schweizer Regierung verfassten, in der sie verlangten, dass der Song verboten wird.

Sind Christen also wirklich humorlos? Jein. Christen sind zuerst einmal Menschen mit Stärken und Schwächen, was auch kaum jemand bestreiten würde. So reicht das Spektrum zu unserem Thema von »stur, absolut humorlos« bis »weltoffen, humorvoll«. Unzählige Bücher widmen sich dem Thema des geistlichen Humors und des klerikalen Witzes. Dabei sind es nicht etwa nur kirchenferne Humoristen, die sich über Themen des Christentums und der Kirchen lustig machen. Meist sind es Insider, oft die Pfarrer oder andere engagierte Gemeindeglieder selbst, die Anekdoten sammeln und herausgeben.

Allerdings ist es wichtig, wo und in welcher Form der Humor gepflegt wird. So sagt ein Kapuzinerpater, der Witze liebt und den Humor sehr pflegt, der den Kapuzinerpatres nachgesagt wird, dass der Humor privat viel weiter geht als in offizieller Funktion.[6] So ist für ihn und viele andere Christen im privaten Rahmen oder in froher Runde mancher Witz durchaus passabel, während er in einem Gottesdienst oder einer anderen offiziellen Situation unpassend ist.

Ueli Ott, ein evangelischer Pfarrer im Ruhestand und ehemaliger Mitleiter des »Kabarett Chilegüggel« hat erfahren, dass für manche kirchlich Engagierte gilt: Entweder ist man Christ oder man verfügt über Humor. Als das »Kabarett Chilegüggel« in Kirchgemeindehäusern seine ersten Auftritte gab, erlebte es Ott mehrmals, dass ein Pfarrer sie als ernsthafte Theatergruppe vorstellte.

Dieses »Kabarett Chilegüggel« hatte damals, vor etwa 25 Jahren, große Erfolge und löste befreiendes Lachen aus, wenn es humorvoll und manchmal satirisch den Finger auf Missstände hielt.

Im Gegensatz zu vielen Muslimen haben Christen keine Hemmungen, Religiöses auch bildlich darzustellen. Es gibt wahrscheinlich keinen Bereich des christlichen Glaubens, der nicht bildlich dargestellt wird, sei es in der Kunst, oder auch in Karikaturen oder Cartoons. Der französische Cartoonist und Illustrator Jean Effel hat in seiner »Heiteren Schöpfungsgeschichte für fröhliche Erdenbürger«[7] unbefangen Gott, Adam und Eva, die Engel und das Leben im Paradies gezeichnet.

Jean Effel
Heitere
Schöpfungs-
geschichte
für
fröhliche
Erdenbürger
Rowohlt

Gott stellt er als alten Mann mit weißem Bart und Glatze dar, wie wir es hier auf dem Titelblatt einer alten Ausgabe sehen. Obwohl Gott eher einfältig wirkt, dürften sich wahrscheinlich nicht viele Christen dadurch verletzt fühlen. Anders wäre es nicht zu erklären, dass das

Büchlein seit 1965 etwa 500.000 mal verkauft und im Juni 2006 wieder neu aufgelegt wurde.

Der Humor macht vor keiner Kirche halt. Nur wenige christliche Gemeinschaften haben den Humor ganz verbannt. Es gibt vielerorts Fasnachtspredigten, viele kirchliche Homepages haben eine eigene Seite »Humor«, manche Kirchenzeitungen und Pfarrblätter eine Witzecke oder einen festen Platz für eine Karikatur.

Sicher gibt es auch humorlose Christen. Sie sind aber nicht humorlos, weil sie Christen sind, sondern weil ihnen das Sensorium für diesen wichtigen Aspekt des Lebens fehlt. So gibt es auch humorlose Agnostiker oder Atheisten. Auch hier gilt selbstverständlich das Gleiche wie bei den humorlosen Christen.

Christlicher Humor in Büchern

Es gibt unzählige Bücher, in denen das Christentum humoristisch dargestellt wird. Einigen davon werden wir in diesem Buch noch begegnen. Aus der Fülle seien nur einzelne heraus gegriffen. Die Spannweite reicht zeitlich über mehr als hundert Jahre.

Der berühmte deutsche Illustrator und Dichter Wilhelm Busch (1872–1908) schrieb und zeichnete mehrere humoristische Bildergeschichten. In einigen davon karikiert er die römisch-katholische Kirche sowie katholische Persönlichkeiten. Pater Filuzius und der Heilige Antonius von Padua [8] sind zwei der Gestalten, die er mit spitzer Feder beschreibt. »Der Heilige Antonius von Padua« ist bereits 1870 das erste Mal erschienen und zeigt humorvoll die Zwiespältigkeit von Frömmigkeit und Allzumenschlichem. So ist der Heilige vor Anfechtungen nicht sicher.

»Der heilige Antonius von Padua
Saß oftmals ganz alleinig da
Und las bei seinem Heiligenschein
Meistens bis tief in die Nacht hinein.«

César Keiser (1925-2007) war einer der großen Schweizer Kabarettisten. Er hat 1973 ein Werk von Mark Twain (Samuel Longhorne Clemens; 1835-1910) übersetzt und als Bühnenfassung neu herausgegeben. »Das Tagebuch von Adam und Eva«[9] beschreibt die Zeit des biblischen Paares, das sich an das Paradies und das Zusammenleben gewöhnen muss.

Der römisch-katholische Kirche Pfarrer Don Camillo und der kommunistische Bürgermeister Peppone sind die Hauptfiguren vieler Erzählungen und mehrerer Romane des italienischen Schriftstellers Giovanni Guareschi (1908-1968). Zum Teil deftig, aber immer sehr menschlich und humoristisch schildert Guareschi das ländliche Leben Norditaliens und die Auseinandersetzung zwischen dem Kommunismus und der römisch-katholischen Kirche nach dem Zweiten Weltkrieg. Eine wichtige Rolle spielt das Kruzifix in der Dorfkirche. Wann immer Don Camillo einen Punktesieg gegen Peppone erreicht hat, spricht Jesus zu ihm und kritisiert ihn nötigenfalls.

Hartmut Klotzbücher beschreibt unter den Pseudonymen Moses, Jehrum und »Der Bub« als Comic in Wort und Bild »Die Abenteuer vom lieben Gott«.[10] Auf 141 Seiten reicht der Umfang der Nacherzählungen biblischer Geschichten von der Schöpfung bis zu Lots Töchtern.

Das ist nur eine kleine Auswahl von Büchern zum Thema »Christentum und Humor«, zeigt aber, dass Christentum und Humor keine Gegensätze sein müssen.

Hat Gott Humor?

»Weinen hat seine Zeit, lachen hat seine Zeit ...«[11]

In der Bibel finden wir 18 Stellen zum Wort »lachen«. Allerdings sind viele dieser Passagen nicht lustig. So zum Beispiel als Sara erfuhr, dass sie im hohen Alter ein Kind bekommen werde:

»Und Sara sprach: Gott hat mir ein Lachen zugerichtet; denn wer es hören wird, der wird über mich lachen.«[12]

Allerdings erhielt das Kind dann den Namen Isaak: »Er lacht«!
Die meisten Stellen beschreiben nicht ein humorvolles Lachen, sondern ein Lachen-über, wie zum Beispiel Psalm 52,8:

»Und die Gerechten werden es sehen und sich fürchten und werden seiner lachen ...«

Prediger 10,19 ist eine der wenigen Bibelstellen, die ein fröhliches Lachen schildert:

»Man hält Mahlzeiten, um zu lachen, und der Wein erfreut das Leben, und das Geld muss alles zuwege bringen.«

In der Luther-Bibel finden wir 75 Mal den Begriff »freuen«. Wieder ist es vergleichbar mit dem Lachen, das heißt, die Mehrheit meint nicht ein positives Freuen, sondern ein bitteres:

»Der Gerechte wird sich freuen, wenn er solche Vergeltung sieht, und wird seine Füße baden in des Gottlosen Blut.«[13]

Die biblische Weisheit des Predigers (Kohelet) rät uns:

»Da merkte ich: Es gibt nichts Besseres für die Menschen, als fröhlich zu sein und sich im Leben gütlich zu tun«. (Prediger 3, 12)

Aus der Bibel abzuleiten, dass Gott Humor hat, dürfte eher mühsam sein. Auf die Frage, ob Gott Humor besitze, schreibt Ursula Homann:

»Selbst die Frage, ob Gott Humor habe und lachen könne, wird hin und wieder gestellt. Max Frisch hat sie in seinem Tagebuch für den Monotheismus verneint. Polytheistisch gesehen hätten die Götter gelacht, vor allem die Götter Griechenlands, immerhin gäbe es einen Gott Risus und ein Fest für ihn. Mancher Christ hält es der Würde Gottes für abträglich, sich ihn humorvoll vorzustellen. Nicht wenige sehen ihn als kleinlichen Buchhalter der Sünden, der dafür sorgt, dass sich jedes böse Wort rächt. (...) Wie oft und in welcher Bedeutung kommt das Lachen in der Bibel vor? Die Suche nach dem komischen Lachen in der Bibel kommt nur um den Preis sehr mühseliger Interpretationskünste ans Ziel.« [14]

Da ich Religionswissenschafter und nur Mittellehrertheologe bin, überlasse ich es gern den Theologen, diese Frage schlüssig zu beantworten, wie dies zum Beispiel Werner Thiede versucht hat. [15]
Gerd-Heinz Mohr meint dazu kurz und bündig, dass die Frage, ob Gott Humor habe, müßig sei; denn Gott habe den Menschen geschaffen, und dieser sei komisch. [16]

Gott in Karikaturen und Witzen

»Der Mensch denkt und Gott lenkt! Dieses Sprichwort von der Gegenwarts- in die Vergangenheitsform zu ändern, war die Aufgabe für ein Kind im Sprachunterricht. Seine Lösung: Der Mensch dachte und Gott lachte!«

Mit diesem unfreiwilligen Verschreiber sind wir mitten im Thema. Ob dieses Kind etwas Wahres ausspricht?
Jean Effel sind wir bereits begegnet. Er hat Gott als liebenswürdigen alten Mann gezeichnet. Hier gibt er Adam und Eva den Garten Eden zur Benützung frei.

»Und damit gebe ich diesen Garten für den öffentlichen Verkehr frei!«

Schauen wir, wie Karikaturisten Gott darstellen. Meist geben sie ihm wie Jean Effel die Gestalt eines alten Mannes mit einem weißen, wallenden Bart. Woher sie diese Idee haben? In den meisten Kinderbibeln wird Gott so dargestellt. Auch heutige Karikaturisten zeichnen ihn mit diesen Attributen.[17]

»Ach ich lieber Gott, schon wieder dieser Carter!«

Gott wird mit allen technischen Errungenschaften gezeichnet. Ihm werden menschliche Eigenschaften zugeschrieben oder eben gezeichnet. Das Satiremagazin »Titanic« lüftet so das Geheimnis über den Untergang der Titanic: Gott habe mit den Engeln »Schiffchen versenken« gespielt! Das bereits 1875 gegründete schweizerische Satiremagazin »Nebelspalter« hat während der vielen Jahren des Bestehens unzählige Zeichnungen über Gott veröffentlicht und ihn sehr vermenschlicht. So stößt beispielsweise ein Bergsteiger auf dem Gipfel mit Gott an[18] oder zeigt Gott als Schweizer, der sein Licht auf die Schweiz scheinen lässt.[19]

Die Karikaturisten nehmen sich oft auch ernsthafter Themen an, so zum Beispiel der Genmanipulation. Die »Herren Genmanipulanten« stehen und sitzen an Computern unter einem schemenhaften Bild von Gott: »Klar, der alte Herr dort oben hatte bei seinen dilettantischen Welterschaffungsexperimenten noch keinerlei Erfahrung.«[20]

Auch Horst Haitzinger hat sich dieses Themas mehrmals angenommen. Gott klopft beim Patentamt an die Türe. Ein Mann sagt zu ihm: »Ich fürchte, da kommen Sie zu spät!« An der Leine führt dieser ein Huhn mit einem Schweinekopf. In der Hand trägt er eine »Urkunde. Patent für Genmanipuliertes Nutzvieh«.[21]

Der Zeichner Veenenbos vermischt seine Karikatur über Gott gleich noch mit Aussagen von George W. Bush und dem Papst[22]:

Der erste Klon

Für viele »aufgeklärte« Menschen gilt, dass es nur ein Entweder-Oder gibt, also Wissenschaft oder Glauben, was mit folgender Anekdote augenzwinkernd widerlegt werden soll:

»Eines Tages kommt eine Gruppe von Wissenschaftlern zusammen. Sie sind äußerst stolz auf ihre Leistungen und kommen zu dem Schluss, dass sie Gott ab sofort nicht mehr brauchen. Sie gehen zu Gott und sagen: ›Gott, wir brauchen dich nicht mehr. Wir können Menschen klonen. Lass uns alles alleine machen.‹ Gott hört geduldig und freundlich lächelnd zu und sagt: ›Sehr gut, wie wäre es denn mit einem kleinen Wettstreit. Sagen wir mal, wir messen uns im Menschen machen.‹ Darauf die Wissenschaftler: ›OK, super! Fangen wir gleich an?‹ Einer bückt sich und nimmt eine Hand voll Dreck. Gott sieht ihn an, schüttelt bedauernd den Kopf und sagt: ›Nein, nein, nicht so! Geht und macht euch euren Dreck selber!‹«

Hat Jesus gelacht?

Auch diese Frage wird und wurde oft gestellt. Ursula Homann hat auch darauf eine Antwort versucht:

»Von einem lachenden Jesu wird im Neuen Testament nicht berichtet, aber denkbar sei, meint nicht nur Kurt Marti, ›dass Jesus, der so oft mit allen möglichen und unmöglichen Leuten zusammen getafelt und ihnen viele Liter Wein spendiert hat und von Zuschauern deswegen als Schlemmer und Zecher, als Kumpan der Zöllner und Sünder gescholten worden ist‹, auch herzlich gelacht und nicht griesgrämig irgendwo in einer Ecke gesessen habe. Auf jeden Fall gehört Lachen zum endzeitlichen Gastmahl messianischer Erfüllung. Würde man übrigens Jesus das Lachen absprechen, dann müsste man auch seinen jüdischen Urgrund leugnen, da, wie wir uns in Erinnerung gerufen haben, in der jüdischen Tradition das Lachen und Lächeln fest verankert sind.«[23]

Gibt es da noch etwas Wesentliches anzufügen? Alles, was wir dazu auch schreiben mögen, bleibt Spekulation, weil niemand von uns Jesus erlebt hat und die Berichte über ihn erst Jahrzehnte später geschrieben wurden. Auch Werner Thiede hat sich diese Frage gestellt und bemerkte kritisch, dass das Neue Testament mit keinem Ton von einem Lachen Jesu berichtet und meint dann aber, dass die Evangelien nicht als Biographie Jesu gelesen werden wollen.[24] Kritisch beleuchtet er alle Versuche, das Lachen aus den Evangelien abzuleiten. Am Schluss dieses Kapitels meint er, »dass Jesus aller Wahrscheinlichkeit nach vom Lachen nicht bloß in verheißenden Worten geredet, sondern auch selber gelacht hat«.[25]

Ueli Ott meint dazu entrüstet:

»Es gab Zeiten, da fragten Theologen allen Ernstes, ob Jesus von Nazareth je gelacht habe. Was für ein humorloser Glaube muss sie erfüllt haben, dass sie so etwas fragten. Ich stelle mir den Ausdruck ihrer Gesichter vor. Sicher hat Jesus gelacht. Zuerst als Kind mit Maria und Josef, dann mit seinen Brüdern und Schwestern. Später im Spiel mit seinen Nichten und Neffen.«[26]

Weiter zählt er auf, warum und bei welchen Gelegenheiten Jesus gelacht habe: Mit den Kindern, als Wanderhandwerker, beim Geschichtenerzählen, in seinen Gleichnissen.

»Zu Jesu anziehendem Humor gehört die Freude. Er muss eine unwahrscheinlich gute Ausstrahlung gehabt haben, verbreitete eine gute Atmosphäre. Er verkörperte und lebte seine Gleichnisse mit ihrer Pointe von Gottes bedingungsloser Zuwendung ganz intensiv. Die neue Welt hatte begonnen. (...) Das Zeichen seiner Freundinnen und Freunde war eine alles überstrahlende Freude und Getrostheit. Das Johannes-Evangelium legt Jesus solche tiefe Freude in den Mund: ›...damit meine Freude in euch bleibe und eure Freude vollkommen sei.‹ (Johannes 15, 11; ähnlich in Johannes 16, 24 und 17, 13)«[27]

Ueli Ott ließ seinem Vorwort das Bild »Der Auferstehende« folgen. Es wurde von Mathis Neithardt, genannt Grünewald, gemalt und ist Teil des Isenheimer Altars in Colmar. Ott schreibt dazu: »Meine innerste Triebfeder war und ist das Osterlachen. Mein Denken, Fühlen, Reden und Tun wird davon bestimmt, dass zuletzt der Tod ausgelacht wird.«[28] Ott führt das weiter aus: »Jesus hat Gottes Humor im Tiefsten erfahren dürfen, indem er durch den Tod hindurchstarb zum Leben. Letztes Geheimnis auch meines/unseres Humors: Wir haben unsern Tod schon hinter uns und das Hindurchsterben vor uns, hinein ins Leben.«[29]

Zusammenfassend lässt sich sagen: Der Humor Jesu lässt sich nicht direkt aus der Bibel ableiten, kann aber aufgrund seines Lebens, der Umstände und der Beispielgeschichten angenommen werden. Das Höchste für Christen ist das Osterlachen, weil Jesus den Tod überwunden hat.

Jesus in Karikaturen und Witzen

Von harmlos-lustig bis bitterböse-gemein gibt es alles an Witzen und Karikaturen über Jesus.

Warum heißt Jesus »Jesus«? Da weiß doch jemand tatsächlich die Antwort: *»Die heiligen drei Könige kommen in die Scheune und der größte von ihnen stößt sich am Türbalken den Schädel. ›Jessas!‹ ruft er vor Schmerzen. Darauf Maria zu Josef: ›Siehst, das ist mal ein schöner Name. Aber du immer mit deinem blöden Alfred!‹«*

Jesus Wandeln über das Wasser ist ein beliebtes Witzsujet: *»Sagt der Fischer im Boot: ›Es ist mir egal, wer dein Vater ist – solange ich hier angle, läufst du nicht übers Wasser ...‹«*

Bitterböse Karikaturen und Witze gibt es viele. Die älteste Spottzeichnung ist bald 2000 Jahre alt.

Alexander betet seinen Gott an – so lautet der Text dieser Karikatur. Ein Spötter macht sich lustig über den Christen Alexander: »Was soll das für ein Gott sein, der absichtlich auf einem Esel daherkommt und sich dann auch noch ans Kreuz schlagen lässt?«

Humor im Gottesdienst

»Die Christen müssten mir erlöster aussehen. Bessere Lieder müssten sie mir singen, wenn ich an ihren Erlöser glauben sollte.«

So hat der Philosoph Friedrich Nietzsche über die Christen geurteilt. Als Sohn eines Pfarrers wusste er, worüber er sprach.
Diesen Vorwurf nehmen viele Pfarrerinnen, Pfarrer und Prediger sehr ernst und weisen ihn postwendend als unberechtigt wieder zurück.

Und das meint der Karikaturist Gregor Müller:

Grundsätzlich hat Humor seinen Platz im Gottesdienst. Unter Humor im Gottesdienst versteht wohl niemand Schenkel klopfend Witze zu reißen, sondern eine feinere Form. Im Gottesdienst möchten Predigende »gern ein verschmitztes Lächeln hervorrufen, ein Lächeln vom Berührt sein«.[30] Die Quelle ist der Osterhumor. Das heißt, der Tod wird ausgelacht. «In der Kirche ist der Humor das Öl.»[31] Beim Humor geht es darum, dass man etwas relativieren kann und sich selber nicht so ernst nimmt. »Humor im Gottesdienst ist dann schön, wenn er aus heiterer Gelassenheit entsteht gegenüber dem sturen, ängstlichen Machen und Leisten von vielen Frommen. Menschen, die darum wissen, dass sie selber nicht vollkommen sein müssen, die die Vergebung kennen und andere gelten lassen in ihrem Ganz-Anderssein sind zu solchem Humor fähig.«[32] Je feierlicher und festlicher ein Gottesdienst ist, desto eher ist ein Funken Humor wohltuend.[33]

Obwohl diese Aussagen alle stimmen, sind sie eher theoretischer Natur. Humor ist eine sehr ernsthafte Sache, besonders im Gottesdienst, und muss gut dosiert eingesetzt werden. Das Maß zu finden zwischen abgehoben-pathetisch und aufgesetzter Heiterkeit, ist nicht immer einfach. Die Psalmen sind ein beredtes Zeugnis, dass das Lob Gottes etwas ist, was all unsere Sinne erfasst. So gehören zum reformierten Gottesdienst heute Wort und Musik, Verkündigung und Gesang aus einem reichen Erbe, aber es können auch Tanz oder Sprechgesang, Gospel oder Blues – also verschiedenste Formen, in denen Menschen sich ausdrücken – Teil des Gottesdienstes sein. Und wie eine kleine Prise Würze, so kann auch das Lachen, vom feinsinnigen Schmunzeln bis zum fröhlichen Lachen, uns öffnen für das Wort Gottes. Wir alle sind – glücklicherweise – Menschen mit Schwächen. Sara lacht, und Paulus nennt sich einen Narren in Christus, warum also sollte in einem Gottesdienst nicht gelacht werden?[34]

Ich habe dazu mein eigenes Jugenderlebnis. Mit meiner Mutter zusammen besuchten wir den evangelischen Gottesdienst. Die Predigt hielt ein Fräulein Pfarrer (die »Frau Pfarrerin« gab es damals noch nicht!). Was sie in ihrer Predigt sagte, weiß ich nicht mehr, hingegen ist mir in Erinnerung geblieben, dass sie es mit Humor sagte!

Erstkommunion, Firmung und Konfirmation sollten auch Raum bieten für eine Prise Humor. So sagte ein Pfarrer während einer Firmung zu den jungen Menschen: »Was ist Pubertät? Das ist die Zeit, wenn Eltern anfangen, schwierig zu werden!«[35]

Sogar in einer Bestattungsfeier hat Humor durchaus seinen Platz. Sie soll nicht düster, sondern österlich sein und etwas von der Zuversicht der Auferstehung vermitteln.[36]

Selbstverständlich macht es einen sehr großen Unterschied, ob es sich um einen Familienvater handelt, der kleine Kinder hinterlässt, oder ob die Verstorbene nach einem erfüllten Leben gestorben ist. Eine Klosterfrau war bereits 99 Jahre, als sie einen Unfall hatte und ins Krankenhaus gebracht wurde. Entrüstet erzählte sie: »Stellen sie sich vor, Herr Pfarrer, die haben mich doch zu alten Frauen ins Zimmer gelegt!« Diese Anekdote möchte er dann an ihrer Bestattungsfeier erzählen.[37]

Wie hingegen der württembergische Pfarrer Michael Jung (1781-1858) seine Bestattungen gestaltete, dürfte allerdings wohl eher eine Ausnahme gewesen sein. Er kam nämlich auf den erstaunlichen Einfall, seine Leichenreden in vielen Strophen zu reimen und wie Moritaten unter Gitarrenbegleitung an den Gräbern abzusingen, meist nach der Melodie von Volksliedern und Studentenweisen. Begreiflicherweise hob das den Zulauf und die Stimmung bei den Beerdigungen außerordentlich. Diese wohlgemeinten Bänkelsangdarbietungen wurden durch die kirchlichen Behörden getadelt und untersagt.[38]

Humor hat also in fast jedem Gottesdienst sein Platz.

Ostergelächter und Risus Paschalis, das Osterlachen

»Die kleine Julia darf das erste Mal zur Feier der Osternacht mitkommen.
Nach der Messe fragen die Eltern: ›Na Julia, was hat dir am besten gefallen?‹
Darauf Julia: ›Wie alle gesungen haben: Hallo Julia!!!‹«

Die Osternacht ist in der römisch-katholischen Kirche eine ganz besondere Zeit. Da wird der Teufel ausgelacht, weil er um seine Beute gekommen ist. In der Mekka-Wallfahrt steinigen die Muslime den Teufel. Die Feier in der Osternacht sei mit dieser Handlung zu vergleichen.[39] Das spöttische Verlachen des Teufels hat eine lange Tradition im Mittelalter.[40]
Auch für evangelische Christen ist das Osterereignis etwas ganz Besonderes. In einigen Gemeinden wird die Osternacht gemeinsam begangen. Oft geschieht dies in der freien Natur nach einer Wanderung, die ebenfalls ein Bestandteil der Feier sein kann. Auch ohne eine besondere Feier ist der Osterhumor zentral, weil mit der Auferstehung Gott über den Tod triumphiert und damit der Tod ausgelacht wird. Die Auferstehung Christi, erklärt der Tübinger Theologe Karl-Josef Kuschel, lässt sich als »Ausdruck von Gottes Gelächter über den Tod« verstehen.
Offenes lautes Lachen in der Kirche? Für unsere Ohren klingt das unangebracht. Die Kirche wird als ruhiger sakraler Raum durch Lachen in unangemessener Weise gestört, könnte man vielleicht einwenden. Dennoch war der Brauch des Osterlachens – risus paschalis (lat. »risus« meint nicht nur ein freundliches Lächeln, sondern durchaus ein »Lachen von Herzen«) – über Jahrhunderte fester Bestandteil des österlichen Brauchtums.[41] Da es aber ausgeartet war, wurde er im 18. bis 19. Jahrhundert zuerst eingeschränkt und schließlich ganz verboten.
Die Osterzeit ist die Zeit des Humors. Die christliche Fröhlichkeit gründet ja auf der Osterfreude. Wo Trauer war, da ist jetzt Jubel, wo Ausweglosigkeit drohte, da herrscht jetzt Hoffnung.[42] Während früher mit dem risus paschalis das Osterlachen auf einen bestimmten Zeitpunkt beschränkt, beziehungsweise konzentriert war, sehen dies heute die befragten Pfarrer anders. Das heißt, der Grund des Lachens, die Überwindung des Todes, soll als Fröhlichkeit das ganze Jahr über andauern.
Gerade im Zeichen des Kreuzes und der Auferstehung Jesu erahnt der Christ vielleicht Gottes Trotzdem-Lachen, das aus dem Geiste reiner

Liebe fließt und den Schmerz nicht scheut. So verstanden ist es nicht unmöglich, vom ›Humor Gottes‹ zu reden. Deutlich wird das auch, wenn man den biblischen Gedanken der Freude Gottes heranzieht, zumal zu bedenken ist: Die Bewegung der Freude schließt den Schmerz nicht aus, sondern mit ein. Da mit Gottes Geist im Glaubenden Gottes Liebe und Freude, wie sie trotz seines Schmerzes bestehen, und insofern Gottes Humor wirksam anwesend sind, ist christlicher Humor nichts anderes als Ausdruck der Geborgenheit und Freude im Bewußtsein der Verbundenheit mit dem Gekreuzigten und Auferstandenen.[43]

Die Fröhlichkeit der Christenheit aller Zeiten ist im Grunde Osterfröhlichkeit, Fröhlichkeit auf Grund des umwälzenden Ostergeschehens.[44]

Gegen die Langeweile im Gottesdienst

»*Gut Ding braucht Weile, kirchlich Ding braucht Langeweile.*«
Dies behauptete ein Spötter.[45] Langeweile ist der Gegenspieler des Humors. Am schrecklichsten ist die trockene Langeweile. Mancher Prediger würde einen guten Märtyrer abgeben, denn er würde infolge seiner Trockenheit bestimmt gut brennen, meinte der englische Erweckungsprediger Spurgeon über einen Zeitgenossen.[46] Die folgende Freudsche Fehlleistung gibt zu denken:

»*Der Pfarrer erkundigte sich bei einer Frau nach dem Ergehen ihres schwerkranken Mannes. Sie antwortete bekümmert:* ›*Ach, der liegt schon ganz teilnahmslos in der Liturgie!*‹«[47]

Dass manche Prediger sehr gelehrt sind, könnte uns ja freuen. Allerdings hätten wir zu noch mehr Freude Anlass, wenn sie uns die Gelehrsamkeit in kleineren Dosen zukommen ließen. Mit ein wenig Selbstironie wird manches leichter und entlockt den Zuhörenden ein Lächeln. Wenn man mit Humor etwas sagt, nehmen es die Leute eher an, als wenn man es mit dem Drohfinger sagt.[48]

Die Predigt ist zu lang!

Wer kennt das nicht, dass der Pfarrer bei seiner Predigt das Ende nicht finden kann? Dazu gibt es unzählige Anekdoten und auch Witze. Wenn die folgende Anekdote nicht wahr ist, ist sie wenigstens gut erfunden. Der Pfarrer, der sie mir erzählte, sagte, dass sie wahr sei:

»Der Pfarrer ist erkrankt. Am Samstagabend erhielt ein Aushilfsprediger vom Kirchenratspräsidenten die Anfrage für die Vertretung am Sonntag. Auf die Frage des Predigers, worüber er predigen solle, erhielt er die Antwort: ›Worüber sie wollen, aber nicht über 10 Minuten!‹«

Dass Gemeindeglieder auch aktiv werden können, zeigt die nächste Anekdote:

»Der Pfarrer hatte schon lange, zu lange, gepredigt und fragte: ›Was können wir dem noch hinzufügen?‹ Da meldet sich eine Stimme aus dem Hintergrund: ›Wie wäre es mit Amen?‹«

Glücklicherweise merken manche Prediger selber, wenn der Gottesdienst zu lange dauert. So stellte ein Pfarrer mit Schrecken fest, dass durch die Lesungen und weitere Beiträge die übliche Zeitdauer beinahe erreicht war, und er hatte mit der Predigt noch nicht einmal begonnen. So stellte er sich ans Pult, zeigte die Uhr, nannte die Uhrzeit und sagte, dass er heute nur eine Kürzestpredigt halten würde, damit die Gemeinde rechtzeitig heimkommen könne. Die Gemeinde schmunzelte.[49] Der gleiche Pfarrer meint selbstkritisch, dass wir uns selber nicht so fürchterlich wichtig nehmen sollten und zitierte dazu den bekannten Dogmatikprofessor Karl Barth: »Es gehört auch zur christlichen Demut, dass man seine gesamten Anstrengungen mit Humor betrachten kann.«[50]

Pleiten, Pech und Pannen

So oder ähnlich hieß eine Fernsehsendung. Aber wer kennt das nicht: Daheim habe ich sorgfältig das Manuskript, die Folien, die Dias oder die Power-Point-Präsentation vorbereitet. Der gute Anzug ist gebürstet, die Fahrkarte besorgt ... Und dann die Aufregung, weil irgend etwas nicht klappt. So ging ich schon eine Stunde zu spät zum Bahnhof, für den Beamer fehlte das Kabel etc. ...

Auch ein Pfarrer ist vor Missgeschicken nicht gefeit:

»Der alte Dorfpfarrer liest seine Predigt üblicherweise immer von einem Manuskript ab, das er zehn Minuten vor Beginn des Gottesdienstes auf der Kanzel ablegt. An einem Sonntag entwendet ein unbekanntes Gemeindemitglied heimlich die letzte Seite. Der Pfarrer hält wie jeden Sonntag ablesend seine Predigt. Der Pfarrer liest: ›... und Adam sprach zu Eva ...‹, er blättert ... sucht ... und findet das letzte Blatt nicht ... und wiederholt, um Zeit zu gewinnen: ›... und Adam sprach zu Eva ...‹, dann fügt er leise (aber bis in die letzte Bank deutlich hörbar) hinzu: ›... da fehlt doch ein Blatt ...!‹«

Auch ich selbst habe einige Pannen erlebt, zum Beispiel bei Taufen, bei denen ich fotografieren wollte. In der Taufkapelle einer römisch-katholischen Kirche musste der Täufling – ein Junge von drei Jahren – zuerst eingefangen werden, bis er getauft werden konnte. Den Eltern war dies sehr peinlich. Der Pfarrer rettete die Situation und sagte: »Jetzt wird anschaulich, warum die meisten Leute ihre Kinder bereits im Säuglingsalter taufen lassen. Dann können sie wenigstens nicht wegrennen.«

Wie es der Zufall wollte, war der andere Täufling ebenfalls ein Junge im gleichen Alter. In diesem evangelischen Kirchengemeindehaus steht eine sehr schöne gläserne Taufschale, die von einem örtlichen Künstler für diesen Zweck hergestellt worden war. Der Junge war von der Taufschale mit dem Wasser sehr angetan. Als er zur Taufe hochgehoben wurde, begann er sofort, im Wasser zu plantschen. Die Pfarrerin nutzte spontan die Gelegenheit, ein paar humorvolle Sätze über die Bedeutung und die Anziehungskraft des Wassers zu erzählen, bevor sie mit dem liturgischen Teil begann.

Überhaupt ist die Taufe nicht eine so ernste Angelegenheit, dass die Beteiligten mit Leichenbitterminen dabei sein müssten. Besonders wenn größere Kinder bei der Taufe ihres kleinen Geschwisters anwesend sind, ergibt sich immer wieder die Gelegenheit für ein Schmunzeln oder manchmal sogar ein herzhaftes Lachen. So zum Beispiel auf die Frage eines Kindes, warum der Mann das Baby wasche. Bei der Taufe sollte Humor dabei sein. Es ist schließlich ein freudiger Akt, den alle Beteiligten in guter Erinnerung behalten sollen.[51]

Auch zu einer Hochzeit gehört Humor und zwar nicht erst beim Familienfest im Saal, sondern auch bei der kirchlichen Feier. Manchmal ist Humor sogar dringend nötig. So konnte ein Pfarrer mit einem humoristischen Spruch die Situation retten, als die ganze Festgemeinde in der Kirche versammelt war und das Brautpaar nicht eintraf. Als die Erwarteten nach über einer Stunde dann endlich eintrafen, schmunzelten die Leute immer noch.

Darüber, was bei einer Hochzeit schon alles schief gegangen ist, wäre auch eine Fernsehsendung möglich. Stoff dazu könnten viele Pfarrer und Küster liefern. Glücklicherweise sind die meisten kirchlichen Mitarbeitenden darauf vorbereitet, dass in der Aufregung etwas schief gehen kann und entschärfen die Lage durch Humor. Nicht nur bei Pannen ist Humor ein unverzichtbarer Bestandteil einer Hochzeitsfeier.

Grenzen des Humors im Gottesdienst

Manche Pfarrerinnen und Pfarrer machen einen Unterschied zwischen einem »gewöhnlichen« Gottesdienst und der Feier eines großen Festes. Beispielsweise wird der Karfreitag als Trauertag sehr ernst genommen. Deshalb sehen manche aus nahe liegenden Gründen am Karfreitag keinen Platz für Humor. Ob dies auch für den Gründonnerstag angemessen ist, darüber gehen die Meinungen auseinander. Besonders dort, wo der Brauch der Fusswaschung praktiziert wird, geht es kaum tiefernst zu, erst recht nicht, wenn die Kinder dabei mitmachen dürfen.

Obwohl der Palmsonntag am Beginn der Karwoche steht, lässt das Brauchtum, das mit diesem Tag verbunden ist, kaum darauf schließen, dass dieser Sonntag der Beginn der düstersten Zeit des Kirchenjahres ist. Die Geschichte mit dem Esel bietet sich nachgerade für Humor an. In manchem Ortsmuseum steht noch ein hölzerner Esel, der am Palmsonntag verwendet wurde. Der im Jahr 2004 im hohen Alter verstorbene Pfarrer Valentin Pfeifenberger führte in einem Dorf des Salzburger Gebirgsgaues wieder einen alten Brauch ein. Hoch zu Esel ritt er am Palmsonntag zur Kirche. Nicht einmal, dass er einmal vom Esel fiel, konnte ihn von seinen Eselritten abhalten.[52]

Humor hat aber im Gottesdienst auch Grenzen. Allotria-Humor, der auf Anbiederung macht und irgendwie ausdrückt, dass die biblische Botschaft zu wenig spannend ist, zuwenig lebensnah, finden viele Pfarrer abstoßend.[53]

Eine anstößige Sprache hat im Gottesdienst auch keinen Platz, dies sagten alle befragten Pfarrer. Der Humor darf weder zwielichtig noch anbiedernd sein. Humor auf Kosten eines anderen Menschen ist in jedem Fall abzulehnen, hat aber in einem Gottesdienst absolut keinen Platz.

Doch gehört in den Gottesdienst ein Lachen, das Menschen ausschließt, an den Rand drängt, rassistisch verhöhnt? Ist es ein lautes und sattes Gegröhle der Starken über die Schwachen, eine Hetze gegen diejenigen, die fremd oder anders sind, etwa behindert? Nein, auf keinen Fall. Die Fragen stellen heißt realisieren, wo die Grenzen sind, wie leicht Lachen auf Kosten der Schwachen geht, aggressiv und menschenfeindlich, ja rassistisch werden kann.[54] Grundsätzlich ist jeder Humor, der die Würde des Anlasses herabsetzen könnte, Tabu. Zu dieser Kategorie zähle ich die folgende Anekdote. Bei einer evangelischen Hochzeit ist dem Pfarrer der Humor gründlich abhanden gekommen. Wie üblich beteten alle gemeinsam das »Gebet des Herrn«, also das »Unser Vater«. An der Stelle »... und gib uns unser tägliches Brot« wollte der Bräutigam offensichtlich sehr witzig sein und sagte deutlich hörbar: »... und dem Pfarrer auch!«. Worauf der Pfarrer die Trauungsfeier augenblicklich abbrach.

Kapuzinerhumor

Der Volksmund sagt: Wer gelehrt ist, geht zu den Benediktinern, wer hingegen volkstümlich und witzig ist, wird ein Kapuziner. Kapuziner sind bekannt (oder müsste man besser sagen: berüchtigt?) dafür, dass sie einen bissigen Humor haben. Die allerbösesten Witze über die Kapuziner wurden von ihnen selber in Umlauf gebracht. Sicher ist nicht jeder Kapuziner ein Witzbold, aber ein Mann mit Humor ist in dieser Gemeinschaft willkommen.

Dies habe ich bei einem Besuch der evangelischen theologischen Fakultät im Kapuzinerkloster Solothurn erlebt. Dort erklärte Pater Guardian, dass sie für die Ökumene ein Schwein geopfert hätten. Die Kapuziner hatten nämlich vor unserem Besuch ein Schwein aus der eigenen Mast geschlachtet. Dann erklärte er uns die Speiseregeln, die bei ihnen normalerweise herrschen: Die Schüsseln und Platten werden einmal durchgereicht, jeder nimmt sich, so viel er mag, dann gehen die Reste in die Küche zurück. Weil wir dies nicht gewohnt seien, sollten heute alle Schüsseln und Platten auf den Tischen stehen bleiben und alle dürften sich so viel nehmen, bis wir alle das nötige franziskanische Gefühl im Magen hätten.

Hier sehen wir einen wichtigen Faktor des franziskanischen Humors, nämlich die Selbstironie. Ob der folgende Witz tatsächlich von einem Kapuziner stammt, weiß ich allerdings nicht:

»Ein Kapuzinerpater malt einem hartgesottenen Sünder die Schrecken der Höllenstrafen in den schauerlichsten Farben aus und schließt mit den Worten: ›Da wird sein Heulen und Zähneklappern unter denen, die nicht wohlgetan haben auf Erden.‹ ›Ich hab schon lange keine Zähne mehr«, sagt der Mann unerschüttert. Da donnert ihn der Pater an: «Verlassen sie sich drauf: Für Zähne wird gesorgt!‹«

Humor in der Bibel

Es gibt Tausende von Witzen und Karikaturen über christliche Themen in Filmen, Comics und Büchern. Die folgende Einteilung und Auswahl sind sehr subjektiv, sollen aber einen Eindruck vermitteln von dem, was die Menschen bewegt und sie deshalb in Humor verpacken.

Die Schöpfung

Mit dem biblischen Ahnenpaar Adam und Eva lassen sich zum Beispiel manche Themen behandeln wie die Unterschiede zwischen Mann und Frau.

In einem Cartoon beklagt sich Adam gegen Ende der Schöpfung bei Gott, dass das Geschirr dreckig und der Kühlschrank leer sei und dass das Paradies aussehe wie ein Schweinestall. Er fordert: »Ich will eine Frau!« Von Gott erhält er die Antwort: »Soll ich die dir aus den Rippen schneiden, was?!«

Die beiden Beispiele zeigen, wie es dann weiter ging. Es sind Wanderwitze, die es in unzähligen Varianten gibt:

»Adam fühlte sich im Garten Eden einsam und beschwerte sich bei Gott, dass er niemanden habe, mit dem er reden könne. Also sprach Gott, er werde ihm eine Gefährtin geben und sie solle ›Frau‹ genannt werden. Gott sprach: ›Diese Person wird für dich kochen und deine Kleider waschen, sie wird sich all deinen Entscheidungen fügen. Sie wird dir deine Kinder gebären und dich nie bitten, mitten in der Nacht aufzustehen und nach ihnen zu schauen. Sie wird nicht an dir herumnörgeln und nach einem Streit wird sie als Erste zugeben, dass sie Unrecht hatte. Sie wird nie Kopfschmerzen haben und dir großzügig Liebe geben, wann immer du willst.‹

Adam fragte: ›*Was soll diese Frau kosten?*‹
Gott antwortete: ›*Einen Arm und ein Bein.*‹
Adam meinte: ›*Was bekomme ich für eine Rippe?*‹
Der Rest ist Geschichte ...«[55]

Schönheit und Dummheit:
»*Im Garten von Eden fragte Adam Gott:* ›*Warum hast du Eva so schön gemacht?*‹
›*Damit du sie beachtest.*‹
›*Warum gabt du ihr eine so gewinnende Persönlichkeit?*‹
›*Damit du sie liebst.*‹
Adam überlegte eine Weile und fragte dann: ›*Aber warum hast du sie denn so dumm gemacht?*‹
›*Damit sie dich lieben soll!*‹«

Arche Noah

Die Sintflut und vor allem die Arche Noah sind beliebte Stichworte. Sie eignen sich auch sehr gut, um andere Themen mit Humor zu betrachten und zu erklären. Wenn wir zum Beispiel im Sommer die angenehme Temperatur nicht genießen können, weil wir gestochen werden, könnte man fragen: Warum hat Noah die zwei Stechmücken nicht erschlagen?

Oder: Warum sind die Saurier ausgestorben? Es gibt viele Theorien darüber, aber dem österreichischen Psychologen und Cartoonist Oswald Huber ist es gelungen, das Rätsel zu lösen: Zwei Saurier stehen vor der Arche, der eine sagt: »Ich mach doch bei diesem Wetter keine Bootsfahrt!« Den folgenden Wanderwitz gibt es in unzähligen Variationen:

»*Als die Tiere in Noahs Arche gehen, stockt plötzlich der Zug. Da sagt ein Frosch zur Giraffe:* ›*Guck mal, was da los ist!*‹ *Die Giraffe reckt den langen Hals und sagt dann seufzend:* ›*Das kann lange dauern. Der Tausendfüßler zieht sich gerade die Hausschuhe an!*‹«

Ein anderes Beispiel ist der Film »Evan Allmächtig«, der die Arche Noah in der heutigen Zeit thematisiert. In der Kinokomödie hat Evan Baxter (Steve Carell) von Gott persönlich den Auftrag bekommen, sofort eine moderne Arche Noah zu bauen. Von nun an wird Baxter pausenlos von

Tausenden verschiedener Tierpärchen verfolgt. Selbst auf dem Rücksitz seines Autos sitzen plötzlich ein Schaf und ein Widder.[56]

Und zum Abschluss das Thema in unserer Zeit:
»Ein junger Mann will in den Bus einsteigen und fragt den Fahrer: ›Na, ist ihre Arche Noah schon voll?‹ – Der Fahrer: ›Nein, ein Esel fehlt noch!‹«

Moses und die zehn Gebote

Auch zu diesem Thema finden sich viele humoristische Umsetzungen. So zum Beispiel lässt der Cartoonist Uli Stein auf seiner Zeichnung die Tochter des Pharao den kleinen Moses im Körbchen ins Wasser legen. Sie sagt zur Begleiterin: »Glaub nicht, dass ich mir die Entscheidung leicht gemacht habe, es abtreiben zu lassen ...«.[57]
Ebenso lässt sich das Thema zeichnerisch umsetzen, wie Moses das Volk Israel aus Ägypten und durch das Schilfmeer führte. So sitzt im christlichen Mitteilungsblatt »Männer Aktuell« Moses mit einem Mann am Ufer beim Fischen. Der Begleiter hält seine Angel zwischen zwei Wasserwänden ins Trockene. Er sagt: »Hör zu Moses. Lass den Scheiß!!«[58]
Wie Moses die zehn Gebote erhielt, bietet ebenfalls Stoff für Karikaturen und Witze. Aber auch ernsthafte Publikationen, wie Georg Schwikarts »Die zehn Gebote«[59], verwenden humoristische Zeichnungen zur Illustration. Auf dem Titelblatt sehen wir die Hand Gottes, die dem auf dem Berg stehenden Moses die Schrifttafeln reicht. Im Innern des Buches lässt der Zeichner Moses die einzelnen Schrifttafeln zeigen.

Ähnlich bieten die zehn Gebote selber Stoff für Witze:
»Moses kam vom Berg herab, um den Wartenden Gottes Botschaft zu verkünden: ›Also Leute, es gibt gute und schlechte Nachrichten: Die gute ist: ich hab ihn runter auf zehn. Die schlechte ist: Ehebruch ist immer noch dabei!‹«

Himmel

Was bietet sich mehr als Schauplatz von Witzen und Karikaturen an, als der Himmel? Ganz besonders natürlich Petrus, der die Einlasskontrolle macht. Da eine Auswahl zu treffen ist schwierig, weil es viele wirklich originelle Witze und Karikaturen gibt. Hier ein paar kurze Beispiele.

Der erste Witz ist ein Wanderwitz:
»*George W. Bush stirbt und kommt in den Himmel. Petrus fragt, wer er sei. Bush: ›Ich bin George W. Bush, der Präsident der USA!‹ Mitleidig lächelnd meint Petrus: ›Du bist erst der dreiundzwanzigste diese Woche, der das behauptet. Beweise es, dass du dieser bist!‹ Bush: ›Wie soll ich das beweisen?‹ Petrus: ›Zeige deine Fähigkeiten. Pablo Picasso zum Beispiel erhielt einen Skizzenblock und zeichnete eine abstrakte Figur. Albert Einstein schrieb eine mathematische Formel.‹ ›Pablo Picasso? Albert Einstein? Wer ist denn das??‹ ›Komm herein, George, du hast es bewiesen, dass du d e r Bush bist!‹*«

Auch zwischendurch ein kleiner Seitenhieb gegen den Vatikan lässt sich humoristisch verpacken:
»*Im Himmel wird der diesjährige Betriebsausflug geplant. Man weiß aber nicht so recht, wohin man fahren soll. Erste Idee: Bethlehem. Maria ist aber dagegen. Mit Bethlehem hat sie schlechte Erfahrungen gemacht: Kein Hotelzimmer und so. Nein, kommt nicht in Frage. Nächster Vorschlag: Jerusalem. Das lehnt Jesus aber ab. Ganz schlechte Erfahrungen mit Jerusalem!! Nächster Vorschlag: Rom. Die allgemeine Zustimmung hält sich in Grenzen, nur der Heilige Geist ist begeistert: ›Oh toll, Rom! Da war ich noch nie!!!!‹*«

Sie kommen nicht in den Himmel? Vielleicht ist dies die Ursache:
»Wir können heute niemand mehr reinlassen. Unser Computer ist gerade abgestürzt!«, sagt Petrus.
Vielleicht kommen Sie nicht in den vollautomatisierten Himmel, weil Sie das Passwort für den Computer am Himmelstor vergessen haben? So stellt es sich wenigstens Komarnitski vor.[60]
Ein von Petrus Abgewiesener sagt: »Also, wenn ich hier nicht rein darf, dann will ich meine Kirchensteuer zurück!«

Himmel und Hölle

Volkstümlich besteht zwischen dem Himmel und der Hölle eine Verbindung. So spielten die Kinder früher häufig das Hüpfspiel »Himmel und Hölle«. Auch in einigen Witzen wird diese Verbindung thematisiert. Harmlosere Sünder dürfen auswählen, wo sie die Ewigkeit verbringen. So zum Beispiel der Amerikaner Bill Gates (bis Januar 2008 Microsoft-Boss), der zuerst die Hölle besichtigen durfte und hell begeistert war über die Urlaubsatmosphäre. Der Himmel mit den auf Wolken sitzenden und Harfen spielenden und singenden Engeln fand er eher langweilig, deshalb entschied er sich für die Hölle. Allerdings war die Hölle nun wirklich die Hölle mit Feuer und Qualen. Als sich Bill Gates dann beschwerte, erhielt er die Antwort, dass er eben vorher nur den Bildschirmschoner gesehen hätte! Zwischen dem Himmel und der Hölle findet oft ein Wettstreit statt. Die himmlische Mannschaft kann beim Fußball nicht gewinnen, obwohl sie die besten Spieler haben, weil alle Schiedsrichter in der Hölle sind. Auch bei Rechtsstreitigkeiten gewinnt die Hölle immer, weil entweder Anwälte oder sogar die Richter alle in der Hölle sind:

»Ein Anwalt starb und kam in den Himmel. Aber er war nicht zufrieden mit seiner Unterkunft. Er reklamierte bei Petrus, der ihm sagte, dass die einzige Möglichkeit, die er habe, um die Unterkunft wechseln zu können, sei, die Verfügung mittels Verwaltungsgerichtsbeschwerde anzufechten. Der Anwalt sagte sofort, dass er dies tun werde, worauf er zur Antwort bekam, das Verfahren werde in etwa drei Jahren eröffnet. Der Anwalt protestierte, dass eine Wartefrist von drei Jahren gegen alle juristischen Gepflogenheiten verstoße, doch seine Worte wurden einfach überhört. Darauf wurde der Anwalt vom Teufel angesprochen, der ihm versprach, dass sein Fall binnen weniger Tage erledigt sein könnte, wenn er in die Hölle wechseln würde. Der Anwalt wollte darauf wissen: ›Warum funktioniert das Verfahren soviel schneller in der Hölle?‹ Der Teufel antwortete: ›Wir haben bei uns alle Richter.‹«

Engel

»Wer einen Engel sucht und nur auf die Flügel schaut, läuft Gefahr, eine Gans heim zu bringen!«

Die Engel als himmlische Wesen bieten sich für Karikaturen nachgerade an. Dass auch jugendliche Engel nicht vom Protest gegen die Erwachsenen abrücken müssen, zeigt eine Zeichnung, auf welcher der Engel zu Petrus sagt: »Doch, eigentlich bin ich glücklich darüber hier zu sein, nur – ein Schwanz und Hörner wären noch cooler ...«.

Es erstaunt sicher nicht, dass auch Horst Haitzinger einige Zeichnungen über und mit Engel gemacht hat, so zum Beispiel den »seligen Leonid« oder Orwell.[61] Aber nicht nur Karikaturisten beschäftigen sich humoristisch mit Engeln. Auch durchaus ernst Gemeintes lässt sich mit Humor besser sagen. So gibt es für Autos einen Aufkleber mit der Abbildung eines Engels und der Aufschrift: »Fahre nicht schneller, als dein Schutzengel fliegen kann!« Einen anderen Aufkleber mit einer ähnlichen Botschaft gibt es in verschiedenen Varianten: »Ab 130 lehne ich jede Verantwortung ab. Dein Schutzengel.«

Manchmal hat der Schutzengel versagt:
»Zwei Engel sitzen flötend auf einer Wolke. Fragt der eine: ›Warum sind sie hier?‹ – ›Im Auto, auf einer kurvenreichen Straße, sagte meine Frau zu mir: Wenn du mich jetzt fahren lässt, bist du ein Engel!‹«

Gebet

Das Gebet beschäftigt offensichtlich die Witzemacher und Karikaturisten. Dass es unter den Witzen und Karikaturen zum Gebet auch Unangemessenes gibt, wird wohl niemanden erstaunen, aber die Mehrzahl finde ich lustig.

Kinder und das Gebet:
»›Warum bitten wir Gott um das tägliche Brot?‹ fragt die Lehrerin. ›Wir könnten ja auch nur einmal in der Woche darum bitten. Also, warum bitten wir nun jeden Tag?‹ ›Weil das Brot frisch sein soll.‹«

Wie beten wir richtig?
»Bei einem kleinen Treffen von Pfarrern diskutierten die geistlichen Herren darüber, unter welchen Umständen sie am besten beten könnten. Während der eine meinte, dass dies knieend am besten ginge, meinte der zweite, dass er sich entspannt sitzend besser aufs Gebet konzentrieren könne. Der dritte hingegen verteidigte das Beten im langsamen Gehen. Da mischte sich der mit einer Reparatur beschäftigte Telefonmonteur ein und sagte: ›Ich konnte am besten beten, als ich am Telefonmast ausrutschte und kopfüber im Sicherungsseil hing!‹«

Den folgenden Witz fand ich in mindestens zehn Varianten, sogar in mehreren Religionen:

»Zehn Jahre lang betet Herbert jedes Wochenende: ›Lieber Gott, lass mich doch bitte diesmal in der Lotterie gewinnen.‹ Immer vergeblich. Als er es eines Tages wieder versucht, ist plötzlich sein Zimmer in strahlende Helligkeit getaucht, und eine tiefe Stimme sagt verzweifelt: ›Gib mir doch eine Chance, Herbert. Kauf dir um Himmels willen endlich ein Los.‹«

Auch das Gebet und die Politik lassen sich vermischen:

»Hans schreibt einen Brief an den lieben Gott: ›Bitte schick mir hundert Euro!‹ Die Post weiß nichts besseres, als den Brief an die Bundeskanzlerin Merkel zu schicken. Sie schickt ihm einen Brief zurück mit fünf Euro. Schreibt Hans an den lieben Gott zurück: ›Danke, aber warum hast du das Geld über Frau Merkel geschickt? Sie hat doch glatt 95 Prozent Steuern abgezogen!‹«

Die Kirchen und der Humor

Witze über den Gottesdienst und die Predigt

Wie wir bereits gesehen haben, liefert auch ein Gottesdienst Stoff für Humoristen. Hier noch ein paar Beispiele.

»Ein Pfarrer liebte es, mit anderen Männern zusammen am Stammtisch zu sitzen. Am Freitagabend sagte ihm dann ein Mann: ›Morgen hast du wohl einen strengen Tag. Da musst du ja deine Sonntagspredigt vorbereiten.‹ Darauf meinte der Pfarrer: ›Ach, das ist eine Kleinigkeit! Ich kann über alles ohne Vorbereitung aus dem Stegreif predigen.‹ Darauf schlossen sie eine Wette ab: Einer von ihnen sollte am Sonntag ein Blatt mit dem Thema der Predigt auf die Kanzel bringen. Am Sonntag stieg der Pfarrer auf die Kanzel. Dort lag ein Blatt: Es war leer! Er drehte es um: Auch hier das Gleiche! Da sagte er: ›Nichts! Aus Nichts hat Gott die Welt erschaffen!‹ und predigte über die Schöpfungsgeschichte.«

Dieser Pfarrer macht es sich offensichtlich nicht ganz so einfach mit der Predigtvorbereitung:

»*Der kleine Junge beobachtet seinen Vater, der an der Sonntagspredigt arbeitet.* ›*Papa, woher weißt du eigentlich, was du in deiner Predigt sagen sollst?*‹ ›*Das sagt mir der liebe Gott!*‹ ›*Ach so.*‹ *Einige Momente lang herrscht Schweigen.* ›*Du Papa, warum streichst du dann laufend irgendwelche Wörter durch?!*‹«

›*Meine lieben Gläubigen*‹*, beginnt der Pfarrer seine Predigt,* ›*ich habe euch letzten Sonntag mitgeteilt, dass ich heute über die Sünde der Lüge zu sprechen gedenke, und euch deshalb gebeten, zur Vorbereitung das 17. Kapitel des Markus-Evangeliums zu lesen. Wer dies getan hat, der möge die Hand heben.*‹ *Die Kirche ist ein Wald erhobener Hände.* ›*Da seht ihr, meine Lieben*‹*, fährt der Pfarrer fort,* ›*wie berechtigt mein heutiges Predigtthema ist. Das Evangelium nach Markus hat nämlich nur 16 Kapitel.*‹

Sexualität und Zölibat

»*Wir Pfarrer sollten zu Fragen der Sexualität Experten sein. Dabei dürften wir gar keine eigenen Erfahrungen haben!*«[62]

Dies sagte mir ein Pfarrer, mein Methodiklehrer in der Theologieausbildung. Er verpackte ein großes Problem innerhalb der römisch-katholischen Kirche in Humor.

Auch andere Katholiken haben sich mit den Themen Sexualität, Verhütung und Zölibat humoristisch auseinandergesetzt. Die Verhütung, oder richtiger: das päpstliche Verbot der Pille, reizte zu Witzen:

»*Eine Frau sieht ihre Nachbarin glückselig zwischen den Wolken wandeln.* ›*Wie sind denn Sie hierher gekommen?*‹ *fragt sie verwundert.* ›*Sie nahmen doch trotz des päpstlichen Verbots regelmäßig die Antibabypille. Haben Sie das Petrus bei der Aufnahme verschwiegen?*‹ ›*Durchaus nicht*‹*, erwiderte die Nachbarin,* ›*aber ich habe die Pille stets vorher im Mörser zerstoßen. Und Petrus meinte, der Papst habe nur die Pille verboten. Von Pulver habe er nie gesprochen ...*‹«[63]

Ob das Zölibat theologisch haltbar und noch zeitgemäß ist, ist hier von untergeordneter Bedeutung, nicht hingegen, wie sich Humoristen dazu äußern. Der folgende Witz dürfte schon Moos angesetzt haben, so alt ist er:

» Treffen sich zwei katholische Priester: › Wir werden das wohl nicht mehr erleben, dass wir mal heiraten können ...‹ ›Nein,‹ sagt der andere, ›aber unsere Kinder ...‹«

Die Kirchen und das liebe Geld

Geld regiert die Welt, heißt es. Auch die Kirchen sind nicht ganz davon ausgenommen und müssen sehen, wie sie die nötigen Finanzen beschaffen können.

Die evangelische Kirchengemeinde Rhede[64] hat sich mit diesem Problem eingehend auseinandergesetzt und lässt im Gemeindebüro nach der nächsten Steuerreform fragen: »Frau Wenzel, retten Sie eine 2000 Jahre alte Institution und verzichten Sie auf Ihr Gehalt!«
Außerdem werden die Pfarrstellen im Landeskirchenamt am Spieltisch ausgehandelt!
Sponsoring ist das große Zauberwort. Thomas Plassmann lässt den Pfarrer sagen: »Sie hören die Lesung über die Akustikanlage der Kleinschmidt-Beschallungs-Technik«.[65]

Der Zeichner dieser Karikatur geht noch einen Schritt weiter:[66]

» Ohne Sponsoren hätten sie diesen Neubau nicht hochziehen können!«

Leicht sarkastisch lässt der Pfarrer verkünden: »Da unsere Sammlung für das Kirchendach keinen Erfolg hatte, verkaufen wir ab sofort Eintrittskarten, um den Einsturz zu beobachten.«

Wer sagt, dass nur die großen Kirchen Geldprobleme haben? Offensichtlich haben auch Mitglieder von Freikirchen Mühe, sich vom Geld zu trennen:

Ein Mann fragt den Pastor: »Bevor ich Ihnen sage, wo wir in den Ferien waren – muss man für Spielgewinne auch den Zehnten abgeben?«

Die Kirchen sind leer!

»›Alle, die glauben, Gott am Sonntagmorgen in der Natur finden zu können, und deshalb meinen, nicht in den Gottesdienst gehen zu müssen, sollten sich auch vom Oberförster beerdigen lassen‹, predigt Pfarrer B. Wie das? Sie finden doch Gott in der Natur und nicht den Oberförster.«
(Heinrich Wiesner, Schriftsteller)

Ein wichtiger Grund für die Finanzprobleme liegt sicher in den zunehmenden Kirchenaustritten. Auch damit beschäftigen sich humorvolle Menschen. Hoffen wir, dass Thomas Plassmann maßlos übertreibt mit seiner Vision eines laienlosen Gottesdienstes:[67]

Laienloser Gottesdienst

»Drei Damen unterhalten sich über den Rückgang der Kirchenbesucher. ›In unserer Gemeinde sitzen manchmal nur vierzig Leute zusammen.‹ ›Das ist gar nichts. Bei uns sind wir oft nur zu zehnt.‹ ›Bei uns ist es noch viel schlimmer‹, erklärt die Dritte. ›Immer wenn der Pfarrer sagt: ›Geliebte Gemeinde‹ werde ich rot.‹«

Der Papst

»Warum küsst der Papst nach jedem Flug die Erde? Kann auch nur jemand wissen, der schon mal mit Alitalia geflogen ist ...«

Versteht »der« Papst Humor? Diese Frage lässt sich nicht mit ja oder nein beantworten. Zuerst müsste geklärt werden, welcher Papst gemeint ist. Sicher ist aber, dass über jeden der Päpste Witze gemacht und Anekdoten erzählt wurden und werden.

»Pius XII., der das Papstamt von 1939 bis 1958 inne hatte, empfing 1945 einige amerikanische Soldaten. Als der Papst den Segen spenden wollte, sagte ein Offizier: ›Heiliger Vater, ich bin Protestant.‹ ›Gut‹, wandte sich der Papst zu den übrigen, ›für euch gilt der Segen des Papstes. Für sie aber‹, und damit wandte er sich an den Offizier, ›gilt der Segen eines alten Mannes.‹ «

Ist der Papst eine herausragende Persönlichkeit? Auf der Erde mag er es als Oberhaupt der größten Religionsgemeinschaft sein, aber im Himmel nicht mehr:

»Der Papst und ein bekannter Anwalt wurden zu gleicher Zeit vom heiligen Petrus im Himmel empfangen. Der Anwalt erhielt sofort eine prächtige Suite, Personal, Stereoanlage, Video etc. Der Papst musste sich mit einer kahlen Zelle begnügen. Er findet das nicht so prächtig und beklagt sich bei Petrus. ›Schau‹, sagt Petrus, ›du musst es so sehen, wir haben hier schon mehr als fünfzig Päpste, aber dies ist unser erster Anwalt ...‹«

Nach dem Tod von Johannes Paul II. kam ein aktualisierter Cartoon in Umlauf. Petrus stand unter einem Transparent: »Willkommen Papst Woityla«. Darunter der Kommentar: »Hier oben ist er nur einer von 306 Päpsten«.

Diese Anekdoten und Witze sind harmlos und zeigen die Päpste von einer guten Seite, aber es gibt mehr kritische bis negative.

»Frage: Warum dürfen Frauen nicht Priester werden?
Antwort: Weil beim letzten Abendmahl keine Frauen dabei waren. Gegenargument: Es waren beim letzten Abendmahl auch keine Polen dabei ...«

Humor kann als Mittel dienen, um sich innerkirchlich mit Missständen auseinander zu setzen. Antiklerikale Karikaturen und Satiren sind eher Themen von Außenstehenden, deshalb lassen wir sie hier aus. Als Abschluss dieses Abschnitts folgt noch ein Witz aus der Schweiz.

»Der ungeliebte Bischof Wolfgang Haas und Hans Küng treffen sich im Magen des Papstes. Küng fragt: ›Hat der Papst dich auch gefressen?‹ Da sagt Haas lächelnd: ›Nein, ich bin hinten herein gekommen!‹«

Grenzen des Humors

»Das, was einem heilig ist, darf nicht für Witze dienen!«

Im Grund ist damit schon alles gesagt. Um es zu verdeutlichen, möchte ich die Punkte aufzählen, die sich gar nicht oder nur bedingt für Witze und Karikaturen eignen, sofern es um Humor und nicht um Beleidigung oder Vandalismus (z. B. Verunstaltung von Kruzifixen) geht.
Unabhängig von der Kirchenzugehörigkeit ist es ein Tabu, bewusst und wider besseres Wissen Vorurteile zu transportieren.
Alle Sakramente sollten ernst genommen werden. Wenn ein Sketch mit Wein und Brot als Picknick dargestellt wird, ist das für Katholiken nicht lustig, sondern verletzend.[68] Ebenso, wenn die Krankensalbung (früher: Letzte Ölung oder Sterbesakrament) als »letzter Ölwechsel« bezeichnet oder ähnlich ins Lächerliche gezogen wird.[69] Ein Scheinsegen von als Papst Verkleideten zur Fasnacht oder die Kreuzigung der amerikanischen Schauspielerin Madonna gehören ins gleiche Fach.
Alles, was mit der Kreuzigung zu tun hat, muss mit dem nötigen Fingerspitzengefühl behandelt werden, damit es unter »Humor« behandelt werden kann.

Zusammenfassung

Ob Gott Humor hat und ob Jesus gelacht hat, ist mehr oder weniger Ansichtssache oder eine Frage der Auslegung biblischer Texte. Sicher hat Humor hat seinen Platz im Christentum und in den Kirchen. Sogar im Gottesdienst darf gelacht werden, sofern die minimalsten Regeln des Anstands und der Rücksichtnahme gegenüber dem Ort und den Menschen eingehalten werden.

Christliche Minderheiten

Einführung

Viele der christlichen und nichtchristlichen Minderheitsreligionsgemeinschaften und Freikirchen werden landläufig als »Sekten« bezeichnet. Dieser Begriff wird praktisch immer von Außenstehenden verwendet, dazu meist negativ. Ob diese negative Wertung zu Recht oder Unrecht erfolgt, lassen wir hier beiseite.

Der Karikaturist Albert Wüst hat sich dazu Gedanken gemacht und einen »SEKT-O-METER«[70] erfunden. Dort soll einfach abgelesen werden können, wie eine Religionsgemeinschaft einzustufen ist.

DER SEKT-O-METER   A.W.98

Die Zugehörigkeit zu einer Religionsgemeinschaft ist in den letzten Jahrzehnten zu einer Beliebigkeit verkommen. Der »spirituelle Supermarkt«, in dem wir uns das holen, was uns gerade passt, reizt zum Karikieren, was diese Karikatur sehr schön zeigt:[71]

Ein weiteres beliebtes Thema ist die Mission, ganz besonders diejenige an der Haustüre. Obwohl die Zeichnung des Künstlers Balz Baechi schon mehr als 30 Jahre alt ist, hat sie an Aktualität kaum eingebüßt.[72]

Ein weiteres Thema ist das liebe Geld, das heißt, die Sammeltätigkeit für die Gemeinschaft oder einen »guten Zweck«.

»Eine junge Frau klingelt an einer Tür: ›Geben sie mir bitte einen Euro für den lieben Gott‹, bittet sie den Hausherrn.

›Wie alt sind sie?‹ fragt dieser.

›Zweiundzwanzig‹, antwortet diese.

Darauf der Mann: ›Ich bin dreiundachtzig und werde den lieben Gott wohl früher sehen als sie. Deshalb kann ich ihm das Geld selbst in die Hand drücken.‹«

»Sekten« und Humor?

Haben »Sekten« oder ihre Mitglieder Humor? Und wieder erhalten Sie von mir die gleiche stereotype Antwort: »Grundsätzlich« gibt es alles, von humorvoll bis humorlos und borniert. Meine ganz subjektive Meinung dazu ist, dass ich eine Religionsgemeinschaft fürchte, wenn dort kein Humor möglich ist oder geduldet wird! Glücklicherweise kenne ich unter den Hunderten von Religionsgemeinschaften, die ich selber besucht habe, nur wenige, auf die dies zutrifft.

Es gibt unzählige Minderheits-Religionsgemeinschaften. Diese auch nur kurz vorzustellen, würde dieses Buch füllen. Die nachfolgend aufgeführten Beispiele stellen daher nur eine kleine, nichtrepräsentative Auswahl dar. Warum ich diese Gemeinschaften genommen habe, ist sehr leicht zu beantworten: In allen und über alle gibt es Karikaturen, Witze oder andere Arten von Humor.

Mit ein wenig Selbstironie wird manches leichter und entlockt den Zuhörenden ein Lächeln. Wenn man mit Humor etwas sagt, nehmen es die Leute eher an, als wenn man es mit dem Drohfinger sagt, meinte der Pfarrer einer Baptistengemeinde. Gott habe auch Humor, was wir bei der Schöpfung gesehen haben. So hat er putzige Tierkinder erschaffen, die uns bei der Betrachtung ein Lächeln entlocken.[73]

»Es darf gelacht werden! Auch im Gottesdienst?«. Dies fragt ein Pastor der »Freikirche der Siebenten-Tags-Adventisten« und führt dies auch bejahend aus in der Zeitschrift »Adventecho«.[74] Im Schlussabschnitt fasst er zusammen:

» Wir sollten keine Angst haben, den Triumph des Kreuzes – auch in Form von ansteckender Fröhlichkeit – immer wieder durch die Ernsthaftigkeit und das Leiden unseres Christseins hindurch scheinen zu lassen, denn auch der Vater im Gleichnis von den zwei verlorenen Söhnen legte dem Älteren im Nachhinein nahe, dass er immer mal wieder ein fröhliches Fest mit seinen Freunden hätte feiern können, weil er als Kind Gottes dazu das Recht hat (Lustigkeit 15, 29-31).«

In der Zeit des Internets haben immer mehr Religionsgemeinschaften eine Homepage. Manche haben eine Seite »Humor«. So zum Beispiel eine Gemeinde der »Neuapostolischen Kirche« in der Schweiz.[75] Im Vorspann dazu lesen wir:

»Humor und Religion – passt das zusammen? Ist Glaube nicht zu wichtig, um dabei zu lachen? Gott hätte uns nicht die befreiende Gabe des Lachens geschenkt, wenn wir nicht von ihr Gebrauch machen dürften.«

Es ist erfreulich, dass diese Religionsgemeinschaft in der Lage ist, selbstironisch über die eigene Kirche Witze zu machen.

Quäker

Offiziell heißt diese Religionsgemeinschaft, die im 17. Jahrhundert in England durch George Fox begründet wurde, »Religiöse Gesellschaft der Freunde«.
Der Name »Quäker« kommt aus dem englischen »to quake«, zittern. Dafür gibt es mindestens drei Erklärungen:

1. Wenn Quäker vom heiligen Geist ergriffen wurden, zitterten sie.
2. George Fox soll dem englischen König gesagt haben, er bringe ihn noch zum Zittern.
3. Die interne Erklärung lautet: Weil die Meetinghäuser so schlecht gebaut waren und kaum geheizt werden konnten, haben die Quäker beim Meeting vor Kälte gezittert. Heute dürfte kaum ein Quäker vor Kälte zittern, sondern eher in den geheizten oder sogar überheizten Räumen mit dem Schlaf zu kämpfen haben.

Dazu eine selbst erlebte Anekdote. Ein alter Quäker litt an Parkinson. Er meinte dazu lächelnd, er habe die Quäker-Krankheit.

Ein Quäker-Meeting, wie die religiösen Versammlungen heißen, weckt die Neugier von Außenstehenden und reizt zu Spekulationen und Witzen, weil es keine Predigt und keine Liturgie gibt, sondern nur das stille Sitzen.
Die folgende Anekdote, deren Herkunft unbekannt ist, beleuchtet dies:

»Bekanntlich sitzen die Quäker bei ihren religiösen Versammlungen zunächst in tiefer Stille da und warten, bis einer der Brüder vom Geist ergriffen wird und in Zungen redet. Ein Schuljunge von Canterbury schlich sich in eine solche Versammlung, wo alle tiefernst und stumm um den Tisch saßen. Er hielt ein Pfennigtörtchen hoch in der Hand und sagte fei-

erlich: ›Wer zuerst spricht, bekommt diesen Kuchen!‹ ›Geh weg, Junge‹,
rief ein wutroter Gentleman und erhob sich, ›geh weg, Junge, sonst…‹
›Der Kuchen gehört ihnen, Sir!‹ rief der Schuljunge, legte ihn auf den
Tisch und verließ fluchtartig das Lokal.«

Diejenigen, die sich vom heiligen Geist ergriffen fühlen, stehen auf. Weil
es vor allem ältere Männer sind, die aufstehen und manchmal einer nach
dem anderen aufsteht, haben »Jungfreunde«, also junge Quäker, den Begriff »Popcorn-Meeting« geprägt. Wer schon einmal Popcorn gemacht
hat, versteht diesen Vergleich: Die Maiskörner springen nach einer gewissen Zeit in der heißen Pfanne auf und gegen den Deckel.

Offiziell betreiben die Quäker keine Mission, aber tatsächlich laden sie
Interessierte zu einem Meeting ein. Besonders in Indien ist diese Form
eines Gottesdienstes recht beliebt. Trotzdem ist entgegen dem folgenden
Witz aus Indien die Zahl der Konvertiten bei den »Freunden«, also den
Quäkern, sehr klein.

»Rabbiner 1: ›Wir müssen etwas machen. Manche der jungen Leute un-
serer Synagoge konvertieren zu den Quäkern.‹
Rabbiner 2: ›Ich habe das auch schon bemerkt. Tatsächlich sind einige
meiner besten Juden Freunde!‹«

Mormonen

Die »Kirche Jesu Christi der Heiligen der Letzten Tage«, wie diese Religionsgemeinschaft richtig heißt, wurde im 19. Jahrhundert in den USA
von Joseph Smith gegründet. Sie hat neben der Bibel noch weitere heilige
Schriften. Die wichtigste ist das Buch Mormon, das der Gemeinschaft
auch den allgemein gebräuchlichen Namen »Mormonen« eintrug.

Diese Religionsgemeinschaft ist dafür bekannt, dass ihre meist sehr jungen Missionare von Tür zu Tür gehen, um ihre Botschaft zu verkünden
und neue Mitglieder zu werben.

Ein Abend in der Woche ist der Familienabend. In den Beschreibungen
und den Prospekten[76] idealisieren ihn die Mormonen, deshalb ist die folgende Karikatur, die von einem Mormonen stammt, erfrischend.[77]

Dies ist übrigens nicht das einzige Buch mit Karikaturen von Mormonen über Mormonen. Diese Bücher erschienen im Verlag »Signature books«, dem »Publisher of Western and Mormon Americana«, also einem Verlag der Religionsgemeinschaft.

Eine der Besonderheiten der Mormonen ist der Brauch, dass sie ihre Verstorbenen nachträglich taufen und damit nach ihrem Glauben korrekt taufen. Während es relativ einfach ist, die verstorbenen Eltern und Großeltern festzustellen, wird es schon eine bis zwei Generationen zurück sehr schwierig. So haben sich manche Angehörigen dieser Religionsgemeinschaft zu Spezialisten der Ahnenforschung (Genealogie) entwickelt, deren Dienste auch von Außenstehenden gerne in Anspruch genommen werden. Die Ahnenforschung ist für Mormonen beinahe eine religiöse Pflicht.

Einzelne dieser Ahnenforscher sind offensichtlich auch humoristische Ahnenforscher. So haben sie auf ihrer deutschsprachigen Webseite »genealogie-forum« eine Unterseite »Humor«, wo sie sich selber auf die Schippe nehmen.[78] So erfahren wir auch, warum »Herr Kreitlein« nach einem Besuch bei »Dr. Dr. Dusterwald« »nie mehr Ahnen« forschte. Dieser sandte ihn nämlich in den Zoo, wo sein Vorfahre im Käfig sitze. Dort fand er einen Gorilla!

Und zum gleichen Thema ein Witz aus der gleichen Quelle:
»Zwei Familienforscher treffen sich und kommen natürlich schnell auf ihr Hobby zu sprechen: ›Wie viele Generationen zurück bist du denn mit deiner Ahnenforschung gekommen?‹
›Leider nicht sehr weit. Ich habe nämlich festgestellt, dass mein Urgroßvater Junggeselle war und kinderlos gestorben ist.‹«

Auch unter Ahnenforschern gibt es Aufschneider:
»*Treffen sich zwei ostfriesische Familienforscher. Fragt einer den anderen: ›Na? Wie weit bist du mit deinen Forschungen schon gekommen?‹ – ›Gut, dass du fragst! Stell dir vor, ich habe herausgefunden: ich stamme direkt von Adam und Eva ab. Und das Beste: Eva war eine geborene Janssen!‹*«

Die »Kirche Jesu Christi der Heiligen der Letzten Tage« erhebt einen Absolutheitsanspruch. Das heißt, nur wer als Mormone getauft wurde, wird ins Paradies gelangen. Der folgende Witz von einem Andersgläubigen beleuchtet dieses Thema aus einer anderen Sicht!

»*Eines wunderschönen Tages klingelt das Telefon beim Papst:*
›*Hallo, hier spricht Gott. Ich habe eine gute und eine schlechte Nachricht.*‹
Papst: ›*Zuerst die gute Nachricht!*‹
Gott: ›*Ich habe beschlossen, die ganze Welt unter einer gemeinsamen Kirche zu verbinden.*‹
Papst: ›*Großartig, das ist genau das, wofür wir die ganzen Jahre gearbeitet haben. Und was ist die schlechte Nachricht?*‹
Gott: ›*Ich rufe aus Salt Lake City an ...*‹*«[79]

Heilsarmee

Der methodistische Pfarrer William Booth gründete 1865 eine Organisation als Antwort auf das soziale Elend in London. Seit 1870 trägt sie den heutigen Namen »Heilsarmee«. »Suppe, Seife, Seelenheil«, war der Leitspruch der friedlichsten Armee der Welt, die es sich zur Aufgabe gemachte hatte, durch soziale Arbeit und Evangelisation zu helfen.
In den Gründungsjahren wurde die Heilsarmee massiv verfolgt. Auch damals war unter Anderem der Zeichenstift eine Waffe. So wurde die Heilsarmee karikiert. Was Anfangs des 19. Jahrhundert als Waffe eingesetzt wurde, kann nun zum Beispiel in Basel im Heilsarmee-Museum betrachtet werden. Zum Beispiel sehen wir auf einer Bühne die musizierenden Salutisten, während unten eine Schlägerei im Gange ist.
Heute ist die Heilsarmee akzeptiert, feiert das Jubiläum »125 Jahre Heilsarmee in der Schweiz« und setzt selbstironisch den Humor ein. Auf ihrer CD-Rom, die sie zum Jubiläum publiziert hat, ist ein ganzer Teil

zum Humor um und mit der Heilsarmee enthalten. So zum Beispiel ist »Mister Bean« als Aushilfsdirigent der Heilsarmee-Musik und Spendensammler dargestellt.[80]

Überhaupt ist die Musik ein wichtiger Faktor bei der Arbeit der Heilsarmee. Oft werden deshalb »Heilsarmee« und »Heilsarmee-Musik« als Synonyme verwendet. Die folgende Karikatur wurde von Max Spring zum 125-Jahre-Jubiläum der Heilsarmee gezeichnet.

Der Kampf gegen den Alkoholismus ist eines der wichtigen Anliegen, was sich auch in den Witzen von Andersgläubigen niederschlägt:

»Die Frau von der Heilsarmee stellt den Landstreicher zur Rede: ›Sehen sie, trinken macht nicht glücklich.‹ Darauf der Landstreicher: ›Durst auch nicht!‹«

Zeugen Jehovas

Einführung

Die Zeugen Jehovas gehen missionierend von Tür zu Tür. Auf der Straße versuchen sie, ihre Zeitschriften »Wachtturm« und »Erwachet« zu verteilen. Weiter weiß man, dass Zeugen Jehovas die Bluttransfusion ablehnen. Hauptlehre ist die Wahrheit der Bibel über das Reich Gottes. Die heutige Weltordnung entspricht nicht Gottes Willen. Sie ist vorübergehend und wird durch Jehovas Königreich, unter Jesus Christus und seinen 144.000 Mitherrschern abgelöst, sagen sie über sich selbst.[81]

Humor und Zeugen Jehovas?

Zeugen Jehovas sind zuerst einmal gewöhnliche Menschen mit allen menschlichen Eigenschaften, deshalb gibt es unter ihnen das ganze Spektrum von humorlos bis humorvoll. Wenn wir Zeugen Jehovas auf den Humor ansprechen, zitieren sie oft folgende Bibelstelle:

» Weinen hat seine Zeit, lachen hat seine Zeit; klagen hat seine Zeit, tanzen hat seine Zeit«[82]

Humor ist in den Zeitschriften »Erwachet!« und »Der Wachtturm« ein Thema, das immer wieder behandelt wird. So finden wir Artikel wie »Das Leben mit Humor nehmen«[83], »Der Sinn für Humor – eine Gabe Gottes«[84] oder »Trotz Krankheit den Humor nicht verlieren«[85].

Auffallend ist dabei, dass sich die Aussagen der Artikel zu einem großen Teil mit dem decken, was kirchliche Theologen dazu schreiben. Es gibt keinen Bereich des Lebens und des Glaubens, für den die »leitende Körperschaft der Zeugen Jehovas« und andere Mitarbeiter in den beiden Zeitschriften und in den Büchern keine Hilfestellung anbieten würden. So auch beim Thema Humor. Sie setzen sich differenziert mit Streichen[86] auseinander und zeigen, wo Humor angebracht und wo er fehl am Platz sind:

» Gegen Humor am rechten Platz ist nichts einzuwenden. Ohne Humor wäre es in der Welt ziemlich langweilig. Eine spassige Bemerkung kann Spannungen abbauen oder Nervosität verscheuchen. Mit Menschen zu scherzen oder sie sogar auf liebenswürdige Weise zu necken kann ein Zeichen von Zuneigung sein. Aber Humor kann auch Wunden schlagen. Jemand zu necken, indem man auf seine Schwächen oder Versäumnisse hinweist, ist ein schlechter Scherz.«[87]

Grundsätzlich wird aber festgestellt, dass Lachen die kürzeste Distanz zwischen zwei Menschen ist.[88]
In der Zeitschrift »Erwachet!« stehen unter der Überschrift »Wir beobachten die Welt« Kurzmeldungen zu allen möglichen Themen. Häufig wird eine Meldung mit einer Zeichnung oder einer Karikatur illustriert.

Humor in den Versammlungen

Humor in Versammlungen der Zeugen Jehovas? Gibt es das? Sicher sind die Versammlungen eine ernste Angelegenheit und sollen nicht durch Gags zur Unterhaltung werden, aber eine Prise Humor kann dazu beitragen, dass ein Thema besser aufgenommen wird. Manchmal gibt es auch unfreiwilligen Humor, über den man schmunzeln kann.[89]
Es gibt unzählige Beispiele für freiwilligen und auch unfreiwilligen Humor in den Versammlungen, drei davon dienen hier als Kostproben. Alle drei Beispiele sind von Zeugen Jehovas über Zeugen Jehovas:[90]

»Ein Zeuge Jehovas hielt in einer Versammlung eine Ansprache. Aus starkem Papier hatte er zwei Hände ausgeschnitten, die er in die Bibel hinein steckte. Er hielt sich die Bibel vor das Gesicht und klatschte sich die Papierhände ins Gesicht und sagte: ›Habt ihr auch schon festgestellt, dass euch die Bibel zurechtweist?‹«

Älteste sind bei den Zeugen Jehovas immer Männer. Nach der Bibel ist der Mann das Haupt der Familie. Gegen eine Überheblichkeit der Männer war dann die folgende Aussage gemünzt:

»Wenn der Mann das Haupt der Familie ist, dann ist die Frau der Hals, der den Kopf in die richtige Richtung dreht!«

Ein reisender Aufseher der Zeugen Jehovas beschrieb in seiner Ansprache das menschliche Bedürfnis der geistigen und der buchstäblichen Nahrungsaufnahme:

»›Viele von uns essen dreimal am Tag‹, sagte er. ›Natürlich gibt es manche, die nur einmal am Tag essen – von morgens bis abends.‹«[91]

Dass Zeugen Jehovas oft angefeindet werden, ist eine Tatsache. Dazu sagte ein alter Zeuge bei einer Ansprache: »*Die Hunde bellen, die Karawane zieht weiter.*« Der gleiche (unterdessen in hohem Alter verstorbene) Zeuge Jehovas sagte mir ironisch zu den Anfeindungen, dass sie sich nicht wegen jedem bellenden Hund aufschrecken lassen.

Witze und Karikaturen

Über Zeugen Jehovas gibt es unzählige Witze. Die meisten sind von Außenstehenden oder Ex-Mitgliedern. Von 74 vom Autor gesammelten Witzen von und über Zeugen Jehovas sind 22 Wanderwitze, also Witze, die auch in anderem Kontext erzählt werden. Je sieben Witze haben die Versammlung oder die »leitende Körperschaft« zum Thema, je sechs die Sexualität oder das Geld, drei beschäftigen sich mit der Missionstätigkeit. Eine Bewertung nach »Lustigkeit« ist sinnlos, da sie wahrscheinlich mehr über den Schreibenden als über die Witze aussagt.

Der folgende Witz, ein Wanderwitz, wird von den Zeugen Jehovas weiter erzählt.

»*Die Lehrerin fragt: ›Kennt ihr Wunder?‹ Ein Zeugen Jehovas-Kind antwortet: ›Ja, wie das Volk Israel durch das Schilfmeer vor den Ägyptern gerettet wurden, ist ein Wunder.‹ Lehrerin: ›Das war kein Wunder, schließlich gingen die Israeliten durch eine seichte Stelle.‹ Kind: ›Dass aber die Ägypter an dieser seichten Stelle ertranken, war dann doch ein Wunder!‹*«[92]

Das Thema Mission beschäftigt viele Menschen. Die Bedeutung von »Zeugen Jehovas« ist, Zeugnis für Jehova abzulegen, das heißt, zu missionieren, was die meisten Andersgläubigen nicht verstehen können.
Dass Zeugen Jehovas sich durch nichts vom Missionieren abhalten lassen, ist bekannt. So darf der folgende Witz von einem Kritiker der Zeugen Jehovas dazu nicht fehlen:

»*In Nordfriesland waren wieder einmal die Deiche gebrochen. Jan und Hinnerk saßen mit ihren Familien auf dem Dach und starrten ins Wasser. Plötzlich deutete Jan auf zwei Mützen, die im Wasser trieben. ›Schau, Hinnerk, erst trieben sie nach Paul sin Hus, un nun noch Willem siens.‹*

Hinnerk schaute sich das eine Weile an und meinte nur: ›Ach was, das sind Jehovas Zeugen. Die predigen auch bei diesem Wetter.‹«[93]

Als ich diesen Witz einem Zeugen Jehovas erzählte, lachte er und gab mir seinerseits zum gleichen Thema einen Witz für meine Sammlung:

»Zwei Zeugen Jehovas sind im tiefsten Winter auf der Straße unterwegs. Da sehen sie einen vereisten Mann stehen. In der ausgestreckten Hand trägt er ein Heft. Der eine der beiden Zeugen bleibt stehen und sagt nach einem Blick auf das Heft: ›Ach, das ist ja der Wachtturm vom letzten Monat!‹«[94]

Die folgende Karikatur löst endlich ein Rätsel:[95]

Wo hört der Humor für die Zeugen Jehovas auf?

Der Grundsatz, dass der Humor dort seine Grenze hat, wo ein Mensch verletzt wird, gilt auch für Zeugen Jehovas. So lesen wir in der Zeitschrift »Erwachet«: »Ein Christ [unterlässt] geschmacklose Witze, durch die irgend eine Nationalität oder Rasse herabgesetzt wird«[96]. »Unzüchtige

Späße« und alle Witze über Sex und Hurerei sind Tabu. Dass man nicht lacht, wenn ein Freund oder Bekannter wegen eines tragischen Ereignisses betrübt ist, sollte selbstverständlich sein, wird aber zusammen mit dem entsprechenden biblischen Grundsatz aus Matthäus 7,12 erwähnt: »Alles nun, was ihr wollt, dass euch die Menschen tun, sollt auch ihr ihnen tun!«[97] In den verschiedenen Zeitschriftenartikeln wird noch weiter ausgeführt, was Zeugen Jehovas meiden sollen: auslachen, unüberlegte Streiche, Witze mit Kraftausdrücken.

Zusammenfassung

Humor finden wir auch in Minderheitsreligionsgemeinschaften. Er unterscheidet sich dabei kaum von dem der großen Kirchen. Einige Freikirchen haben Internetseiten mit einer Rubrik »Humor«. Ebenso gibt es über einige Gemeinschaften Witze und Karikaturen, von denen einzelne von der jeweiligen Gemeinschaft selber in Umlauf gebracht wurden. Humor hat dort seine Grenzen, wo andere Menschen verletzt werden, oder wo es unter die Gürtellinie geht.

Anmerkungen

[1] www.inforel.ch/i10e01

[2] RGG, Bd. 6, 1955.

[3] Diana Fahrner/Markus Wildi: Kurt Fahrner. Das gesamte Werk. Basel 1998. S. 14.

[4] ebd. S. 15; außerdem ein Gespräch des Autors mit dem Künstler um 1968.

[5] http://www.kurt-fahrner.ch/Aktuell/Lebenslauf.html

[6] Gespräch des Autors mit dem Kapuziner Hanspeter Betschart, röm.-kath. Stadtpfarrer in Olten.

[7] Coverabbildung zu Jean Effel: Heitere Schöpfungsgeschichte für fröhliche Erdenbürger. Deutsch von Martin Peters. Reinbek 2006.

[8] Wilhelm Busch: Der Heilige Antonius von Padua. Basel 1946.

[9] Mark Twain: Das Tagebuch von Adam und Eva. Übersetzung aus dem Original »The Diary of Adam and Eve« von Franz Wurm. In Szene gesetzt und bearbeitet von César Keiser. Zürich-Hottingen 1973.

[10] Coverabbildung zu Moses / Jehrum / Der Bub: Die Abenteuer vom lieben Gott. Oldenburg 1996.

[11] Prediger 3,4.

[12] 1. Mose 21,6.

[13] Psalm 58,11.

[14] www.ursulahomann.de/DasChristentumUndDerHumor/komplett.html

[15] Werner Thiede: Das verheißene Lachen. Humor in theologischer Perspektive. Göttingen 1986.

[16] Gerd Heinz Mohr: Sermon, ob der Christ etwas zu lachen habe. Hamburg 1957. S. 25.

[17] Abb. oben: Jean Effel, aus: Jean Effel: Adam und Eva im Paradies. Paris 1967. © VG Bild-Kunst. Bonn 2008. Abb. unten: Horst Haitzinger: Denkzettel. Cartoon & Satire, Bd. 10. München 1981.

[18] Nr. 43, 1986.

[19] Nr. 34, 1989 (Titelblatt).

[20] Nr. 26, 1989.

[21] Leben & Glauben, 30.4.1990.

[22] Karikatur von Jean Veenenbos, aus: Neue Zürcher Zeitung 4./5.2001. © Olga Veenenbos, Wien.

[23] www.ursulahomann.de/DasChristentumUndDerHumor/kapo10.html

[24] Thiede, a.a.O. S. 38.

[25] ebd. S. 41.

[26] Ueli Ott: Auf ein Lächeln. Von der Heiterkeit des Herzens und vom Humor des Glaubens. Bern 2003. S. 32.

[27] ebd. S. 35.

[28] Ott, a.a.O. S. 6.

[29] ebd. S. 38 f.

[30] Gespräch des Autors mit Jakob Sturzenegger. Prediger der Baptistengemeinde Basel.

[31] Gespräch des Autors mit Hanspeter Betschart.

[32] Mail an den Autor von Samuel Mühlemann, Ev.-ref. Pfarrer der Kirchgemeinde St. Leonhard.

[33] Gespräch des Autors mit Rudolf Hofer, Pfarrer, röm.-kath. Kirche, Brugg.

[34] Mail an den Autor von Bärni Joss, Ev.-ref. Pfarrer, Basel.

[35] Gespräch des Autors mit Pfarrer Hofer.

[36] Gespräch des Autors mit Pfarrer Betschart.

[37] Gespräch des Autors mit Pfarrer Hofer.

[38] Mohr, a.a.O. S. 15

[39] Gespräch des Autors mit Pfarrer Rudolf Hofer.

[40] Thiede, a.a.O. S. 123.

[41] www.roehrner.de/spiritualitaet/osterlachen.html

[42] Thiede, a.a.O. S. 78 f.

[43] ebd. S. 103.

44 Mohr, a.a.O. S. 13.

45 ebd. S. 21.

46 ebd. S. 23.

47 ebd. S. 23.

48 Gespräch des Autors mit Jakob Sturzenegger.

49 Gespräch des Autors mit Ueli Ott, Ev.-ref. Pfarrer im Ruhestand, Liestal.

50 Ueli Ott, a.a.O. S. 12.

51 Gespräch des Autors mit Pfarrer Rudolf Hofer.

52 http://www.salzburg.com/sn/wochenschau/artikel/1204407.html

53 Gespräch des Autors mit Pfarrer Samuel Mühlemann.

54 Mail an den Autor von Pfarrer Bärni Joss.

55 Langenscheidt. Kalender Englische Witze 2007, 24.5.2007.

56 Migros-Magazin 30, 23.7.2007.

57 Uli Stein: Vorsicht Steinschlag! Oldenburg 2003.

58 Männer Aktuell 3/2006.

59 Georg Schwikart: Die zehn Gebote. Mit Illustrationen von Sonja Fröhlich. Gütersloh 2003.

60 www.dobhran.com/humor/GRhumor760.htm

61 Beide: Horst Haitzinger: Haitzinger Karikaturen 1984. Politische Karikaturen. Rorschach 1984.

62 Alois Kunz, ehemals röm.-kath. Pfarrer.

63 Petrus – anekdotisch. Himmlischer Humor mit höllischen Aspekten. München 1969. S.15.

64 Titelseiten des Rheder Boten.

65 image, Nr. 6/2001.

66 KircheHeute 25/2007.

67 Karikatur © Thomas Plassmann, Essen.

68 Gespräch des Autors mit Dr.phil. Josef Bieger. Bis 2007 Redaktor der röm.-kath. Kirchenzeitung »kircheHeute«.

69 Gespräch des Autors mit Pfarrer Rudolf Hofer.

70 © Manava, Verlag und Vertrieb, Basel 2007.

71 Karikatur © Walter Hanel. © Frankfurter Allgemeine Zeitung, 16.8.1996.

72 Karikatur © Balz Baechi, Zollikon/Schweiz.

73 Jakob Sturzenegger, Prediger der Baptistengemeinde Basel.

74 »Adventecho« 4/2005, S. 11-13.

75 http://www.nak-badragaz.ch/humor.php

76 zum Beispiel: »Ein Vorschlag für einen Familienabend« (Faltblatt).

77 Bagley Pat: Treasures of Half-Truth. Titelseite Signature Books, Salt Lake City, Utah. 1986.

[78] http://www.genealogie-forum.de/allgemein/humor.htm

[79] http://lustich.de/lustich/witze-witzetexte-x2-10152.html

[80] CD-ROM »Unterwegs mit Gott und den Menschen«. Gratis zu beziehen über www.heilsarmee.ch

[81] Aus der Selbstdarstellung in: Christoph Peter Baumann (Hrg): Religionen in Basel-Stadt und Basel-Landschaft. Basel 2000. S. 268.

[82] Prediger 3,4 (Luther-Bibel).

[83] »Erwachet!«, 22.5.1994. S.25-27.

[84] »Erwachet!«, 8.12.1980. S.25-28.

[85] »Erwachet!« 22.4.2005. S. 26 f.

[86] »Streiche – sind sie wirklich lustig?« in: »Erwachet!«, 8.2.1984. S. 12-15.

[87] ebd.

[88] »Erwachet!«, 22.5.1994. S.25.

[89] Gespräch des Autors mit Marcel Gross, Thun.

[90] Mündliche Mitteilung von Suzanne Glesser.

[91] »Erwachet!«, 22.5.1994. S.27.

[92] Gespräch des Autors mit Suzanne Glesser.

[93] www.manfred-gebhard.de/Witze.htm

[94] Gespräch des Autors mit Michel Glesser.

[95] Karikatur © Harm Bengen, Neu-Ulm.

[96] »Erwachet!«, 22.5.1994. S.25.

[97] »Erwachet!« 8.11.1975. S. 12-14.

Judentum

Einführung

Die jüdische Religion ist eine der ältesten Religionen und gilt als die Mutter des Christentums. Aus den gleichen Wurzeln entstand auch der Islam. Allen drei Religionen gemeinsam ist der Monotheismus, der Glaube an einen alleinexistierenden und alleinwirkenden Gott. Juden erwarten den Messias und das Gericht am Ende der Zeiten. Die jüdische Religion bestimmt noch stärker als das Christentum und der Islam die Lebensweise der Gläubigen und formt das ganze Leben. Sie erstrebt eine auf dem geoffenbarten göttlichen Willen basierende Lebensführung und Lebensanschauung. Basis sind die Tora (die fünf Bücher Moses) sowie die Psalmen und die geschichtlichen und prophetischen Bücher, die in ihrer Gesamtheit von Christen als »Altes Testament« bezeichnet werden.

Juden glauben wie Christen und Muslime, dass die Welt und die ganze Schöpfung das Werk Gottes sind. Dieser Glaube wird ausgedrückt mit «Höre Israel, der Ewige unser Gott, ist Gott der einzig Eine» (5. Mose 6,4). Abraham gilt als Stammvater Israels, mit dem Gott einen Bund schloss.»Ich bin der Herr, dein Gott, der ich dich aus dem Lande Ägypten, aus dem Sklavenhause, herausgeführt habe«, so beginnen die Zehn Gebote, die die Grundlage eines ethischen Lebens bilden. In der Tora sind 613 religiöse Pflichten aufgeführt, die eingehalten werden sollen.

Das Land Israel ist eng verbunden mit dem Glauben und Hoffen des jüdischen Volkes. Nach der Überlieferung der Tora zog das Volk vor etwa 3800 Jahren, geführt von Gott, nach einem sehr langen Aufenthalt in Ägypten nach Israel. [1]

Das Judentum ist vor allem durch die vielen Verfolgungen und Pogrome und ganz besonders durch die Schoah, den Holocaust im Nationalsozialismus, geprägt.

Trotz – oder wegen? – der Verfolgungen hat sich im Judentum eine besondere Art von Humor entwickelt.

Das jüdische Bilderverbot

In der jüdischen Religion gilt ein weitgehendes Bilderverbot, das vor allem mit der folgenden Stelle aus der Tora begründet wird:

»*Du sollst dir kein Bild machen und keinerlei Gestalt von dem, was im Himmel oben, oder im Wasser unter der Erde ist. Du sollst dich vor ihnen nicht niederwerfen und ihnen nicht dienen, denn ich, der Ewige, dein Gott, bin ein eifersüchtiger Gott, ...*« (2. Mose 20, 4f.)[2]

In einer anderen Bibelstelle wird vom Stiftszelt berichtet, dass dort Gegenstände aus verschiedenen Materialien aufbewahrt wurden. Das Stiftszelt war während der Wüstenwanderung ein bewegliches Heiligtum, um das sich die zwölf Stämme Israels scharten.
Auch im biblischen Bericht über den Tempel Salomos soll sich das von zwölf Rindern getragene eherne Meer befunden haben.[3] Das Bilderverbot ist in erster Linie eine Vorsichtsmaßnahme gegen den »Götzenkult«:

»*Götzen sind Bilder, die unsere Freiheit bei der Vergegenwärtigung des G'ttlichen einschränken und begrenzen, die uns unterdrücken und mit ihrer vermeintlichen Macht erschlagen. Sie verlagern die G'ttlichkeit aus dem alles umfassenden Bereich – also auch aus uns selbst heraus – und materialisieren sie in Statuen (Bildern). Die Statue wird zum Symbol (Idol oder Abbild) der Macht. Die G'ttlichkeit erstarrt und stirbt. Sie wird nicht mehr von uns gelebt. Die Menschlichkeit – als die Ebenbildlichkeit G'ttes – verlässt die Welt.*«[4]

Spätestens ab dem 2. Jahrhundert n. Chr. lockerte sich das Bilderverbot. Was weiterhin verboten blieb, war die Darstellung von Menschen und Göttern, bei denen ein Zusammenhang mit heidnischen Kulten bestand. Die jüdische Kunst entwickelte sich in den folgenden Jahrhunderten weiter, wie der Schriftsteller Claus Stephani ausführt.[5]
Das Bilderverbot gilt in der Synagoge nach wie vor. Als Gestaltungs- und Schmuckelement dient statt dessen die Ornamentik.
Heute werden auch religiöse Schriften unbefangen illustriert. Besonders Bücher für Kinder enthalten farbige Bilder, die das Geschriebene verdeutlichen sollen. So ist zum Beispiel die Jugendbuchreihe des D&H Epelbaum-Fonds durchgehend farbig illustriert.[6]

Inzwischen illustrieren sogar verschiedene Ausgaben der Pessach-Haggadah die Geschichte und das Geschehen des Pessach-Festes, eine der höchsten Feiern des Judentums. Karikaturen sind für Juden nicht grundsätzlich etwas, das sie ablehnen. Vorbehaltlich der Tabus, die unten aufgeführt werden, dürfen jüdische und nichtjüdische Karikaturisten über Jüdisches zeichnen und karikieren.

Haben Juden Humor?

Ob »die« Juden Humor haben, kann ich nicht beantworten. Juden sind so unterschiedlich, wie Menschen eben sein können. Der Spruch, 100 Juden seien 101 Judentümer, hat sicher seine Berechtigung. Es gibt ultraorthodoxe, orthodoxe und traditionalistische Juden, »Feiertagsjuden«, liberale und agnostische Juden. So gibt es auch humorvolle Juden genauso wie humorlose. Sogar innerhalb einer orthodox-jüdischen Gemeinde gibt es diesbezüglich große Unterschiede, was ich nicht nur beruflich, sondern auch privat immer wieder erfahren kann. Immerhin lebe ich seit 30 Jahren praktisch als direkter Nachbar des orthodoxen Gemeindehauses und der jüdischen Mittelschule.

In den letzten Jahren wurden mehrere Filme gedreht, bei denen jüdischer Humor wunderbar dargestellt wird. So zum Beispiel in Dani Levys »Alles auf Zucker!«.[7]

Humor in der Geschichte des Judentums

Den Humor der Juden angesichts der Verfolgungen bezeichnen viele als »Galgenhumor«. Ursula Homann bezeichnet den »Witz als Waffe im Kampf ums Dasein«.[8] Deshalb betitelte sie ihren ausgezeichneten Aufsatz entsprechend.[9]

Humor war und ist ein Mittel unterdrückter Minderheiten, um überhaupt überleben zu können. Wir kennen dies auch aus vielen Diktaturen. Hautnah konnte ich dies zum Beispiel bei den Ereignissen des Prager Frühlings 1968 erleben, als die Sowjets in die damalige CSSR einmarschierten. Es dauerte keine zwei Wochen, bis die ersten Witze kursierten.

Das Judentum hat eine grausame Zeit der Verfolgung und Diskriminierung erlebt, die mehr oder weniger ausgeprägt schon 2000 Jahre dauert.

Auch heute haben Juden nach wir vor unter offenem oder latentem Antisemitismus zu leiden.

Viele Situationen hätten Juden ohne die Hilfe des Witzes kaum bewältigen können. Mit ihm versuchten sie, der ihnen feindlich oder gleichgültig gesonnenen Umwelt Paroli zu bieten und sich gleichzeitig, schwankend zwischen Hoffnung und Verzweiflung, Mut zu machen, trotz allen Ungemachs weiterzuleben. Durch Witze spielten sie ihre Angst herunter, verwandelten Niederlagen in Siege, zogen das angeblich Erhabene ins Lächerliche und gewannen so emotionalen Abstand von dem, was sie bedrückte.[10]

Die folgende Anekdote, die es in verschiedenen Varianten gibt, illustriert dies deutlich:

»In einem Wiener Reisebüro erkundigte sich nach dem Einmarsch Hitlers ein Jude nach Auswanderungsmöglichkeiten. Die Angestellte des Reisebüros hatte den Globus vor sich und fuhr mit dem Finger von Land zu Land und sagte: ›Auswanderung nach Palästina ist gesperrt, die amerikanische Quote ist bereits vergriffen, Visum für England sehr schwer, für China, Paraguay und Brasilien braucht man finanzielle Garantien, Polen erlaubt selbst polnischen Juden keine Wiedereinreise.‹ Der Jude deutete resignierend mit dem Zeigefinger auf den Globus und fragte: ›Außer dem da haben Sie nichts?‹«

Oswald LeWinter beschreibt in seinem Nachwort zu Chajim Blochs Buch »Jüdische Witze und Anekdoten« das Verhalten von Juden ein wenig anders:

»Was immer man über jüdische Witze sagt – und es ist schon vieles über sie gesagt worden – es ist offensichtlich, dass sie sich gnadenlos über die Schwächen und das Fehlverhalten ihres eigenen Volkes lustig machen.«[11]

Ferner beschreibt LeWinter, wie in jüdischen Witzen die Feindseligkeit oder Aggressivität auf eine masochistische Art und Weise gegen den Juden selbst gewendet wird. Der verfolgte und verhöhnte Jude, der sich selbst zum Gegenstand jedes einzelnen seiner Witze macht, lenkt seine gefährliche Feindseligkeit ab von seinen Verfolgern und richtet sie gegen sich selbst. Das Ergebnis ist keine Niederlage, sondern Sieg durch Niederlage. Der Jude schärft sozusagen den Dolch, den er seinem Gegner aus der Hand nimmt, erdolcht sich selbst, um ihn dann dem Antisemiten höflich zurückzugeben mit der leise tadelnden Aufforderung:»Nun sieh zu, ob du es besser kannst«. Ein wesentliches Merkmal jüdischen Humors ist also gegen sich selbst gerichtete Aggression. Es scheint, als solle der Witz das Axiom verdeutlichen:»Ihr braucht uns nicht anzugreifen. Das können wir selbst viel besser, und wir können es auch ertragen. Wir kennen unsere Schwächen, und wir sind sogar ein wenig stolz auf sie.« Der wahre jüdische Witz beinhaltet eine Art melancholischer Resignation, manchmal sogar störrischen Stolz, als ob man sagen wollte,»So sind wir, und so werden wir bleiben, solange wir Juden sind.«[12] Schalom Ben-Chorin (1913-1999), einer der bekanntesten jüdischen Religionsphilosophen und Schriftsteller deutscher Sprache im 20. Jahrhundert, meint, dass der kaum überbrückbare Abgrund zwischen dem prophetischen Pathos über die Erwähltheit des jüdischen Volkes und der Banalität der konkreten Judenheit könne nur durch eine Doppelbrücke aus Glauben und Humor überdeckt werden.[13] Sogar die Erwähltheit findet seinen Widerhall in Witzen:

»Ein Jude fragt Gott: ›Stimmt es, dass wir Juden das auserwählte Volk sind?‹ Gott antwortet: ›Ja!‹ Der Jude fragt weiter: ›O Gott, wäre es möglich, dass einmal ein anderes Volk auserwählt wird?‹«

Der Humor im Judentum fand und findet in den verschiedenen Medien der Kultur immer wieder Möglichkeiten der Entfaltung.

Hat Gott Humor?

Diese Frage lässt sich hier genau so wenig beantworten wie im Christentum, haben Juden und Christen doch die gleiche Bibel, das heißt, den Teil, den Christen als »Altes Testament« bezeichnen.

Wenn wir aber weitere Quellen konsultieren, sieht es doch ein wenig anders aus. Schon der Talmud, ein wichtiges und zudem das umfangreichste jüdische Schriftwerk, enthält im Gegensatz zur strengen Bibel zahllose »Lach- und Lächeltexte«, die den Einstieg in ernste Erörterungen erleichtern sollen, und lobt Spaß, Posse und Witz. An einer Stelle steht sogar geschrieben:»Man erkennt einen Menschen an seinem Lachen«. Bösartige Spöttereien und Zoten sind dagegen verpönt, mehr noch, der Spötter wird dem Sünder gleichgestellt:»Schädlich ist die Spötterei, denn ihr Beginn ist Leid, ihr Ende Vernichtung.«[14]

Wo lachen Juden?

Diese Frage lässt sich grundsätzlich einfach beantworten: Überall, wo es Grund gibt dafür.

Humor in der Synagoge

Ob eine Synagoge der richtige Ort für Humor ist, darüber lässt sich streiten. Wenn damit Witze reißen gemeint ist, dann ist die Synagoge ebenso wie eine Kirche der falsche Ort. Es gibt aber keinerlei Vorschriften, ob und wann Humor am Platz ist, sondern es hängt vom Rabbiner und der jeweiligen Situation ab.

In einer Predigt kann ein Rabbiner durchaus eine Anekdote, die ein Schmunzeln auslöst, einflechten. So zum Beispiel vom Mann, der in Jerusalem ins Mobiltelefon hineinsprach: »Do you hear me? Do you hear me?« Worauf ihm ein anderer sagte: »Hier sprechen Sie mit dem da oben, da brauchen Sie kein Mobiltelefon!«[15]

Es gibt eine Gelegenheit, bei der Humor nicht nur offiziell zugelassen, sondern sogar gewünscht ist, nämlich zum Fest Purim.

Purim, das Losfest – die »jüdische Fasnacht«

»Bei den Juden war Licht, Freude, Lust und Ehre. Auch in jeder Provinz und jeder Stadt, wohin nur der königliche Befehl gelangte, herrschte Jubel und Freude unter den Juden, Lust und Festtag; und viele der Völker des Landes bekannten sich zum Judentum, denn es hat sie Angst vor den Juden befallen.«[16]

So heißt es in der »Megillat Esther«, dem Buch oder der Rolle Esther, einem speziellen Text, in dem kein einziges Mal »Gott« steht. Dies erklärt sich dadurch, dass die Rolle als eine Art Brief in alle Provinzen um Persien versandt wurde. Aus Angst vor Entweihung erwähnte man den Namen Gottes nicht. Die Rolle Esther ist damit das einzige Buch der Bibel, das den Namen Gottes nicht erwähnt.

Freude und Lachen, das sind die Stichworte für jüdische Kinder zum Fest Purim. Mit leuchtenden Augen erzählen sie von der »jüdischen Fasnacht«, zu der sie sich verkleiden und allerlei Schabernack treiben dürfen. Der Anlass dazu ist eigentlich ernst. Immerhin ging es wieder einmal um eine der zahlreichen Verfolgungen und – diesmal nur versuchten – Vernichtung der Juden: Beim Fest Purim gedenkt man der Befreiung der persischen Juden im 5. Jahrhundert vor Christus.

Ist die Erzählung über den Ursprung des Festes unhistorisch und seine Entstehung bis heute nicht befriedigend erklärt? Steht hinter dem Purimfest ein heidnisches Fest, das von den Diaspora-Juden übernommen und mit Hilfe einer neuen Festlegende judaisiert wurde?[17] Dies braucht uns hier nicht zu interessieren. Tatsache ist, dass Purim heute nicht nur aber besonders bei den Kindern ein sehr beliebtes Fest ist.

Die Rolle Esther wird am Purim-Abend und am nächsten Morgen in der Synagoge ausgerollt und vorgetragen. Die Kinder dürfen jedes Mal, wenn der Name Haman, des Erzfeindes, gelesen wird, mit Rasseln oder anderen Instrumenten Lärm machen oder stampfen.[18]

Die Kinder dürfen sich verkleiden. In Basel, mit der traditionellen weltlichen Fasnacht, ist Purim vor allem für die Kinder der orthodoxen Gemeinde die »jüdische Fasnacht«. In Berlin hat das Masorti-Lehrhaus die Kinder zum Maskenbasteln für Purim eingeladen.[19] Es gibt sogar Purim-Maskenbälle. Bei den Chassidim in Jerusalem ist Purim ein ganz ausgelassenes Fest.[20]

Zum Fest Purim gehört auch gutes Essen, was zwar mit Humor direkt nichts zu tun hat, aber trotzdem die Stimmung hebt. Besonders die dreieckigen »Hamantaschen« sind der Erwähnung wert.

Purim ist speziell für die Kinder ein sehr fröhliches Fest und verkörpert insgesamt eine lebensfrohe Stimmung.[21]

Chanukka – das jüdische Lichterfest

Chanukka[22] erinnert an die Wiedereinweihung des zweiten jüdischen Tempels in Jerusalem im jüdischen Jahr 3597 (164 v. Chr.) nach dem erfolgreichen Makkabäeraufstand der Juden Palästinas gegen den hellenistisch-syrischen Herrscher Antiochus. Der Tempel in Jerusalem war entweiht worden, doch einer kleinen jüdischen Armee gelang die Rückeroberung. Die Symbole des Götzendienstes wurden entfernt, der Tempel gereinigt und neu geweiht.

Nach der Überlieferung wollte man dazu die Menorah, den siebenarmigen Leuchter des Tempels, anzünden, fand aber nur ein einziges kleines Gefäß koscheren Öls. Dieses hätte gerade für einen Tag gereicht.

Die Herstellung neuen Öls für den Tempel würde mindestens acht Tage dauern. Trotzdem wurde das Licht entzündet und wundersamer Weise brannte es acht Tage lang. Gerade lange genug, um neues koscheres Öl zu produzieren. In Erinnerung an dieses Wunder wird Chanukka gefeiert. Jüdische Familien verwenden einen Leuchter mit acht Armen mit je einer Kerze und zusätzlich einer neunten Kerze, dem »Schammes« oder »Schamasch«, die zum Anzünden der Kerzen dient. Manche Juden verwenden statt der Kerzen Näpfchen mit Olivenöl, in Erinnerung daran, dass beim ursprünglichen Ritus ebenfalls Öllampen verwendet wurden.[23] Die Lichter werden ins Fenster gestellt, damit alle Vorbeigehenden das Wunder von Chanukka sehen können.[24]

Jeden Tag wird ein Licht mehr angezündet, bis am Ende alle acht brennen.

An Chanukka wird während der kurzen Brenndauer der Lichter normalerweise nicht gearbeitet. Mit den Kindern werden Spiele gemacht. Zum Beispiel mit dem »Trendel« (oder »Dreidel«), einem Kreisel mit vier Seitenflächen mit je einem hebräischen Buchstaben. Das Kreiselspiel besteht darin, dass jeder Spieler den Kreisel zum Drehen bringt und Punkte erhält, die – je nach dem Wert des Buchstabens, der jeweils oben liegt, wenn der Kreisel fällt – errechnet werden.[25]

Besonders bei Kindern ist dieses kleine Fest sehr beliebt, wie mir jüdische Kinder mit leuchtenden Augen erzählten.

Witze von Juden

Unter einem jüdischen Witz versteht man einen Witz, der entweder in jiddischer Sprache erzählt wird, oder dessen Pointe tatsächliche oder behauptete positive oder negative jüdische Eigenschaften betont, wie zum Beispiel »Chuzpe« (Unverfrorenheit, Dreistigkeit, Unverschämtheit). Die ursprünglichere Bezeichnung jiddischer Witz wurde durch den Titel des 1960 erschienenen Buches »Der jüdische Witz« von der jüdischen Schriftstellerin Salcia Landmann (1911-2002) verdrängt. Der jüdische Witz steht in krassem Gegensatz zum »Juden-Witz«, der oft ein Propagandainstrument antisemitischer Kreise ist, und der Juden diffamiert oder verächtlich macht.

Was ist jüdischer Witz? Gibt es überhaupt den »echten« jüdischen Witz? Bei der Vielfalt von Büchern zum Thema »jüdischer Witz« stossen wir immer wieder auf die gleichen Namen, ganz besonders auf den von Salcia

Landmann. Die Schriftstellerin hat mehrere Bücher zum Humor veröffentlicht, ihr wichtigstes ist »Der jüdische Witz. Soziologie und Sammlung«.[26] Landmann gilt als »die« Fachfrau in dieser Thematik. Nicht alle sind mit dieser Einschätzung einverstanden und manche sprechen ihr die Kompetenz in diesem Thema ab.

So zum Beispiel Jan Meyerowitz, ein jüdischer Musiker (Berlin und USA), der das Buch schrieb: »Der echte jüdische Witz«.[27] Darin schreibt er über Landmanns Buch:

»*Dieser Versuch ist der Aufgabe so ziemlich alles schuldig geblieben, und die weitere Verbreitung des Buches ist ein großes, vielleicht unreparierbares Missgeschick. Wir würden gar nicht darüber reden, wenn es nicht eine solche historische Entgleisung wäre. [...] Auf viele Juden hat die Soziologie und Sammlung jedenfalls fast so abstoßend und schmerzlich gewirkt wie so manches in der Nazizeit Geschriebene ...*«[28]

Dieser Meinung schließen sich andere an, so zum Beispiel ein Rezensent in einer Buchbesprechung über das Buch von Jan Meyerowitz, das er mit Landmanns Buch vergleicht. Landmann habe »mit Schweizer Hausfrauensorgfalt alles zusammengekehrt, was sie in den alten klassischen Sammlungen (›Rosinkes und Mandlen‹ und anderen) an jüdischen Witzen fand, samt einer großen Zahl ganz offensichtlich unjüdischer Witze, die sie ›verjudete‹, indem sie den handelnden Personen ›selbstgebackene‹ jüdische Namen gab (so ›echt jüdisch‹ wie die seinerzeit von Julius Streicher für den antisemitischen Stürmer erfundenen)«.[29]

Am Schluss der Rezension stellt der Schreiber fest, dass Meyerowitz in dem höchst empfehlenswerten Buch das in kleinem Rahmen zurechtrückt, was Salcia Landmann in großem Stile vermasselt hat.[30]

Jan Meyerowitz setzt sich kritisch mit der Geschichte des jüdischen Witzes auseinander. Speziell beschäftigt er sich mit der Frage »Assimilation oder Integration?«. Ein wichtiger Faktor ist die christliche Taufe, die von manchen Juden gewählt wurde, um in »christlichen« Ländern gesellschaftlich nicht mehr ausgeschlossen zu sein. Meyerowitz stellt fest, dass der getaufte Jude eine »Quelle gesalzener Späße« war.[31] Im weiteren Verlauf des kleinen Buches beleuchtet Meyerowitz die Schwierigkeit des Zusammenlebens von Juden mit Christen, die sich immer wieder mit Witzen und Anekdoten damit auseinandersetzt. Die Stimmung schwankt zwischen Melancholie, Schmunzeln und Galgenhumor als Antwort auf den Antisemitismus.

Im Epilog stellt er die unbeantwortete Frage, ob man »im Juden alles das vernichten will, was man in sich selbst vernichten möchte und primitiverweise in jenem verkörpert zu sehen meint.«[32] Dann kommt Meyerowitz zu einer bemerkenswerten Erkenntnis: »Die irrationale Art des Antisemitismus hat eine besonders komplizierte Form des Humors provoziert: die Parodie auf den Antisemitismus.«[33]

Witze über Juden

Wieviele Witze gibt es über Juden? Dies ist eine Frage, die nur mit einem unbestimmten »viele« beantwortet werden kann. Ohne Anspruch auf Wissenschaftlichkeit stellte ich beim Lesen und Hören von mehreren Tausend sogenannter jüdischer Witze das fest, was mir auch sonst schon aufgefallen ist: Die Mehrheit der Nicht-Juden weiß wenig bis gar nichts über das Judentum.

Die Witze, die von Fremden über Juden gemacht werden, sind im Idealfall harmlos und belegen, dass »der Jude« den Nicht-Juden als komische Figur gilt. Ein weiterer, sehr großer Teil der »Witze« ist antisemitisch.

Und noch eine wichtige Anmerkung zu jüdischen Witzen: Sie sind häufig Wanderwitze, die auch in anderem Zusammenhang überliefert werden. »Das Schilfmeerwunder« ist ein typischer Wanderwitz, den es in verschiedenen Varianten gibt:[34]

»Zu Israel ben Elieser, dem heiligen Baalschem, kam ein Naturforscher und sagte: ›Meine Forschungen haben ergeben, dass in jener Stunde, als die Israeliten durch das Schilfmeer zogen, es sich von Natur aus spalten musste.‹ Der Baalschem antwortete: ›Weißt du nicht, dass Gott die Natur erschaffen hat? Er hat sie so erschaffen, dass in jener Stunde, als die Israeliten durch das Schilfmeer zogen, es sich spaltete. Das ist das berühmte Wunder.‹«[35]

Wie wir schon gesehen haben, handeln viele Witze und Anekdoten vom Leben der Juden als Minderheit. Es gibt diesbezüglich einzelne, die »jüdische Schlagfertigkeit«[36] beweisen, die den Juden nachgesagt wird. Der folgende Witz »Er suchte die Esel« soll dies veranschaulichen:

»Fritz Mauthner, der bekannte Kritiker, befand sich einmal auf einer Fahrt in Gesellschaft von drei Studenten. Da Mauthner in einem Buch las, ohne

sich im geringsten um seine Mitfahrer zu kümmern, noch auf ihre höhnischen Bemerkungen einzugehen, beschlossen die drei Studenten, ihn folgendermaßen zu begrüßen: Der Erste: ›Guten Tag, Vater Abraham!‹ Der Zweite: ›Guten Tag, Vater Isaak!‹ Der Dritte: ›Guten Tag, Vater Jakob!‹ Mauthner blickte auf, lächelte und sprach: ›Sie irren sich, meine Herren. Ich bin nicht Vater Abraham. Ich bin auch nicht Isaak oder Jakob. Ich bin Saul, meine Herren, der von seinem Vater ausgeschickt worden war, die Esel zu suchen. [1. Samuel 19, 1-4] Und ich hätte nie gedacht, dass ich sie so schnell finden würde!‹«[37]

Über Juden bestehen viele Vorurteile. Dazu gibt es im Grenzbereich zu den antisemitischen »Witzen« viele Witze, die dies thematisieren. So zum Beispiel der folgende Witz »Die jüdische Nase«, die wiederum die oben erwähnte Schlagfertigkeit zeigt:

»Man fragte einmal den bekannten hebräischen Schriftsteller Mose Leib Lilienblum in Odessa, wie die Annahme entstanden sei, dass der Jude eine lange Nase hat. ›Das kam daher‹, meinte der freidenkende Lilienblum, ›weil Mose das jüdische Volk vierzig Jahre an der Nase herumgeführt hat!‹«[38]

Es gibt eine Anzahl von harmlosen Witzen, die wir unter der Rubrik »Kindermund« zusammen fassen können, wie es zum Beispiel Heike und Christine Kern auf ihrer Internetseite Kindermund.de tun.[39] Das Beispiel »Die Kinder Israels« soll dies illustrieren:

»›Herr Goldblatt‹, fragt der kleine Uriel, ›ich kann etwas nicht verstehen.‹ ›Was ist das, Uriel?‹ fragt Goldblatt. ›Also, in der Bibel heißt es doch, dass die Kinder Israels durch das Rote Meer zogen.‹ ›Richtig.‹ ›Und dass die Kinder Israels die Philister besiegten.‹ ›Richtig.‹ ›Und dass die Kinder Israels den Tempel bauten.‹ ›Auch das ist richtig.‹ ›Und die Kinder Israels kämpften gegen die Ägypter, und die Kinder Israels kämpften gegen die Römer, und die Kinder Israels machten immer etwas Wichtiges, richtig?‹ ›Alles, was du sagst, ist richtig,‹ antwortete Goldblatt. ›Und was ist nun deine Frage?‹ ›Was haben denn alle Erwachsenen gemacht?‹«

Humor auf jüdischen Homepages

»HaGalil«

»haGalil onLine«[40] ist zur Zeit wahrscheinlich eine der wichtigsten Homepages in deutscher Sprache zum Judentum. Diese Internetseite bietet Informationen zu allen Themen des Judentums, des Antisemitismus und auch zum jüdischen Humor. »Das Lachen – noch nicht vergangen«.[41] Unter dieser Überschrift werden Anekdoten und Witze auf Jiddisch erzählt. Auch hier gibt es Links auf weitere Seiten zum jüdischen Humor. Leider ist es nicht immer ganz einfach, sich auf dieser informativen Homepage zurecht zu finden. Mit »Suchen« und dem Stichwort »Humor« finden wir aber weitere Texte und Informationen. Auf dieser Seite findet man auch den jüdischen Cartoon »Moishe Hundesohn«, der im Kapitel »Jüdische Karikaturisten« vorgestellt wird.

»Jüdischer Humor«

Die Internetseite »witze.koscher.net«[42] widmet sich ganz dem Thema »Jüdischer Humor«. »Koscher« heißt »rituell essbar, rituell erlaubt«, beschränkt sich aber nicht nur auf Lebensmittel, sondern wird für alles benutzt, was rituell zugelassen ist. Mit dem Zusatz »koscher« wollen die Betreiber dieser Homepage ausdrücken, dass der Humor, der hier weiter gegeben wird auch – oder besonders – von Juden genossen werden kann. Unter dem Stichwort »Grundsätzlich« schreiben die Seitenbetreiber:

»Der jüdische Witz nimmt in der Weltliteratur eine Sonderstellung ein. Er ist tiefer, bitterer, schärfer, vollendeter, dichter, und man kann sagen, dichterischer als der Witz anderer Völker. Ein jüdischer Witz ist niemals Witz um des Witzes willen, immer enthält er eine religiöse, politische, soziale oder philosophische Kritik. Er ist faszinierend, denn er ist Volks- und Bildungswitz zugleich, jedem verständlich und doch voll tiefer Weisheit ...«[43]

Auf dieser Internetseite versuchen sie Antwort zu geben auf die Frage: »Was ist Jüdischer Witz?«. Außerdem werden Anekdoten in deutscher und jiddischer Sprache vorgestellt.

Jüdische Filme

In Berlin gibt es seit 1995 und in Wien sogar seit 1991 jüdische Filmfes-
tivals – aber was ist das überhaupt, ein jüdischer Film? Nicola Galliner,
die Leiterin des Festivals in Berlin, meinte dazu:

*»Wir stellen eine Festschrift zusammen, in der ca. zehn verschiedene Leu-
te diese Frage beantworten, und nicht einmal zwei sind sich einig, was
ein jüdischer Film ist«.» Hannes Stein von der Zeitung Die Welt hat das
sehr schön gesagt: ›Es geht um eine Minorität, die auch über sich selber
lachen kann.‹«*[44]

Dani Levy wurde 1957 in Basel (Schweiz) geboren und war Clown und
Akrobat beim Zirkus Basilisk und hatte Engagements in Theatern in
Basel und Berlin. Levy arbeitet als Autor, Regisseur und Schauspieler.
Die Filmkomödie »Alles auf Zucker!« von Dani Levy kam 2004 in die
Kinos. Sie spiegelt humoristisch und selbstironisch das Leben von Juden
im modernen Deutschland.
Die Idee für diesen Film trug der gebürtige, liberale Jude Dani Levy seit
Jahrzehnten mit sich herum. Er wollte seine jüdische Abstammung in ei-
ner Komödie verarbeiten, wie er mir in einem Gespräch 1978 erzählte.
In einem Interview sagte er zur Frage nach dem Besonderen am jüdischen
Humor:

*»Humor ist immer dann am schönsten und berührendsten, wenn er aus
einer Not und damit aus einer Situation heraus entsteht, in der man
ein starkes Mitgefühl mit jemandem hat. Humor ist das wahrscheinlich
schönste und legitimste Überlebensmittel. Der jüdische Humor zeichnet
sich dadurch aus, dass er ziemlich schonungslos, frech und durchaus
selbstironisch mit den menschlichen Schwächen und Macken umgeht
– auch mit den Eigenheiten der Juden. Und: Der jüdische Witz nährt sich
aus der psychologischen Kenntnis des Menschen, das finde ich schön.«*[45]

Jüdische Theater

In Deutschland gab es unzählige jüdische Theater, Kleinkunstbühnen
und Kabaretts vor und sogar eine gewisse Zeit während der Naziherr-
schaft.[46]

Zahlreiche Satiriker und Humoristen sind jüdischer Abstammung, zum Beispiel Moritz Gottlieb Saphir (1795-1858). 1927 gründete Oscar Teller in Wien sogar ein »Jüdisch-Politisches Cabaret«, das sich von Anfang an großer Beliebtheit erfreute und bis zum Einmarsch der Nazis in Österreich im Jahr 1938 beträchtliche Erfolge für sich verbuchen konnte. Auch im übrigen deutschsprachigen Raum gab es vor der Hitler-Zeit jüdische Kleinkunstbühnen, einige sogar mit einem jiddischen Programm, wie etwa das Berliner Kabarett »Kaftan«, das am 14. Februar 1930 von dem jiddischen Volksschauspieler und -sänger Maxim Sakaschansky und seine Frau Ruth Klinger in Berlin eröffnet wurde.[47] Nach dem Krieg entstanden in Österreich langsam wieder jüdische Kabaretts.[48] Auch in Deutschland gibt es wieder jüdische Theater. So zum Beispiel das »Schachar« in Hamburg, das 1998 mit der Uraufführung der Komödie »Waldo & Schmerl« an die Öffentlichkeit trat. Nach verschiedenen anderen Stücken folgte 2001 mit »Freindinnen« von Daniel Haw wiederum eine Komödie. Im Jahr 2007 stand »Kishon, Kishon – Leila tov!«, eine Lesung aus Ephraim Kishons Satirensammlung »Drehn Sie sich um, Frau Lot!«, auf dem Programm.[49] Weitere Informationen zu jüdischem Kulturschaffen – wenigstens im englischen Sprachraum – bietet auch MyJewishLearning.com.[50]

Jüdische Karikaturisten

Jüdische Karikaturisten sind nicht so einfach als jüdisch zu erkennen, weil sie mehrheitlich ganz »normale« weltliche Themen karikieren. Es gibt aber solche, die auch oder nur jüdische Themen zeichnerisch-humoristisch darstellen.

Der amerikanische Zeichner Dick Codor ist einer von ihnen. Er zeichnet politische Cartoons und illustriert jüdische Bücher.[51]

Für »Das große Buch des jüdischen Humors« zeichnete er mehrere Karikaturen, so zum Beispiel die folgende, in der Codor zeigt, wie er sich die moderne Version des Falls der Mauern von Jericho[52] vorstellt, nämlich mit Kofferradios.[53]

Zwei zeitgenössische Karikaturisten sind Daniel Haw und Ben Baruch, die im Folgenden vorgestellt werden sollen.

Daniel Haw: »Moishe Hundesohn«

»Moishe Hundesohn« ist ein kleiner Hund mit Hut und Schlips, begleitet von einer Holzente namens Ruth. Er wird vorgestellt als Deutschlands erste jüdische Comic-Figur:
»Die erste jüdische Cartoon-Figur der Bundesrepublik Deutschland ist zur Welt gekommen.«[54] Moishes »Papa«, Daniel Haw, Dramatiker, Maler, Komponist, Regisseur und Leiter des jüdischen Theaters »Schachar« in Hamburg, stellt seinen »Sohn« in Versform vor:

»Ich heiße Moishe Hundesohn
und lebe lustig ohne Lohn.
Mit meiner Koscher-Ente Ruth
zieh' ich durch Deutschland frohgemut.
Hab weder Heim, noch hab ich Geld,
doch Witz genug: mein ist die Welt.
Und will die Welt mir mal ans Fell,
dann lach' ich oder troll' mich schnell.
Schimpft ›Judenhund‹ mir ins Gesicht
ein Fremder, nun, dann groll ich nicht.
Ich bin ein Judenhund und stolz! [...]«

Bis Januar 2008 hat Daniel Haw 82 Cartoons gemalt und getextet getreu seiner Maxime:

»Humor ist das große Korrektiv der menschlichen Gesellschaft. Er schafft die notwendige Distanz, um die Dinge aus einer angemessenen Perspektive betrachten zu können. Wo der Humor fehlt, fehlt auch die Menschlichkeit. Diktaturen und religiöse Orthodoxien fürchten und verbannen den Humor, denn in ihm steckt immer der Zweifel, der ihre sentimentalen Maximen auslacht!«[55]

Spezifisch jüdisch sind nur etwa ein Viertel seiner Cartoons, so zum Lichterfest Chanukka, zu Purim und zur koscheren Ernährung. Haw stellt sich auch die Frage, ob Walfleisch koscher ist oder wie sich Judentum und Fußball vereinen lassen. Moishe Hundesohn findet stets gewitzte Antworten.

Die Liebe des Künstlers gilt jedoch vornehmlich dem Judentum und Israel, deshalb setzt er sich kritisch damit auseinander. Moishe Hundesohn versucht zusammen mit der Koscherente Ruth mit sehr unkonventionellen Ideen Israel zu retten.

Ben Baruch: »ShaBot 6000«

»ShaBot 6000« handelt von einem frommen Juden, der einen Roboter als »Schabbes-Goj« gekauft hat. Ein »Schabbes-Goj« ist ein Nichtjude, der am Schabbat die für Juden verbotenen Arbeiten übernimmt, z. B. das Lichtanzünden. Der wissbegierige Roboter ShaBot entscheidet sich dafür, Jude zu sein und erklärt sich deshalb außerstande, die ihm aufgetragenen Arbeiten auszuführen.

Der Cartoon wird von Ben Baruch[56] gezeichnet und englisch getextet. Auf talmud.de[57] wird er in der deutschen Übersetzung veröffentlicht.

Ben Baruch versteht es, die jüdischen Regeln humoristisch zu betrachten. Endlich wissen wir zum Beispiel, warum ein frommer Jude am Wochenende schläft:

SHABOT 6000 by Ben Baruch

WIE WAR DEIN WOCHENENDE?

Ich habe den gesamten Schabbat lang geschlafen!

ICH WEISS, DAS TORAH-STUDIUM KANN EINEN GANZ SCHÖN ANSTRENGEN!

In Wahrheit schlafe ich, damit ich keine der Schabbatregeln verletze!

© 2006 Ben Baruch

Im Gegensatz zu Daniel Haw, der Moishe Hundesohn-Cartoons zu allen möglichen Themen zeichnet, geht es bei Ben Baruch, beziehungsweise »ShaBot« nur um Jüdisches: Sabbat, Pessach, Jom Kippur, Tora, Konvertieren zum Judentum, Noah ... Selbstverständlich sind dies nicht die einzigen jüdischen Cartoonisten, aber sie verstehen sich in erster Linie als jüdisch, im Gegensatz zu manchen anderen.

Jüdischer Humor in Büchern

Es gibt einige Sammlungen von jüdischen Witzen und Anekdoten. Humor finden wir aber auch in anderen Büchern. Beispielsweise ist in der Geschichtensammlung »Die Wunder von Chanukka«[58] der Humor in einer feineren Form anzutreffen.

Ephraim Kishon (1924-2005), hieß mit richtigem Namen Ferenc Hoffmann. Er wird auf der »Ephraim Kishon Homepage«[59] ganz unbescheiden als »Weltmeister des Humors« bezeichnet. Ob ihm dieser Titel zu Recht verliehen wurde? Sicher ist, dass Kishon ein Synonym für Humor in Israel geworden ist. Er war ein sehr produktiver Mensch, der nicht nur unzählige Bücher und Kurzgeschichten schrieb, sondern ebenso Theaterstücke und Filme. Seine Satiren spielen meist im jüdischen Milieu und karikieren das Jüdische.

»Drehn Sie sich um, Frau Lot!« war das erste Buch, das Kishon ausländischen Verlegern anbot. Der S. Fischer Verlag, bei dem Kishon schon zwei Theaterstücke veröffentlicht hatte, lehnte es mit der Begründung ab, es hätte »keine Erfolgschancen beim deutschen Leserpublikum«. 1961 erschien die 1. Auflage in deutscher Sprache und wurde bis 2007 etwa zwei Millionen Mal verkauft!

Die Weltauflage von Kishons Büchern liegt bei 43 Millionen (davon 33 Millionen in deutscher Sprache). In hebräischer Sprache sind etwa 50 Bücher, in deutscher Sprache mindestens 70 Bücher erschienen, davon viele Zusammenstellungen von bereits erschienenen Geschichten; weltweit sind etwa 700 Bücher in 37 Sprachen erschienen.

Juden und Christen – humoristisch betrachtet

Das Verhältnis zwischen Juden und Christen ist schwierig und pendelt von Antisemitismus bis Prosemitismus. Jedes Extrem ist problematisch, so auch diese Extreme, weil Juden nicht einfach als Menschen behandelt werden, sondern auf das Jüdisch-Sein reduziert werden. So erlebe ich dies in Gesprächen oft, dass zwischen »Deutschen« (respektive »Schweizern«) und »Juden« unterschieden wird. Richtigerweise müssten wir zum Beispiel von »evangelischen Deutschen« und von »jüdischen Deutschen« sprechen. Paul Spiegel (1937-2006), bis zu seinem Tod Präsident des Zentralrats der Juden in Deutschland, schrieb in seinem sehr lesenswerten Buch »Was ist koscher?«[60] ein Kapitel »Muss man die Juden mögen?«.[61] Er wehrt sich dagegen, dass von »den Juden« gesprochen wird.

Auch die Konversion beschäftigt die Gemüter. Früher waren es fast ausschließlich Juden, die zum Christentum konvertierten, heute sind es mehrheitlich Christen, die zum Judentum konvertieren wollen. Meist erfahren wir nicht viel davon. Obwohl ich zu jüdischen Gemeinden seit Jahrzehnten eine gute Beziehung pflege, sind mir nur zwei Proselytinnen (Konvertitinnen) persönlich bekannt.

Mirjam Lübke hat mit ihrem Artikel »Die bunte Welt der Proselyten. Über die Befindlichkeiten deutscher Proselyten«[62] dieses Thema humoristisch aufgearbeitet. Sie schildert, was alles erforderlich ist, bis man nach Jahren endlich zum »Gjur« (Übertritt eines Nicht-Juden zum Judentum) zugelassen wird und dann die begehrte Bescheinigung erhält. Mirjam Lübke macht aus der Beschreibung einer zweihundertprozentigen Proselytin eine Realsatire. Hier ein kurzer Auszug:

»Irgendwann kommt auch von anderen Gemeindemitgliedern die obligatorische Frage: Sind Sie richtiger Jude oder übergetreten? Machen Sie jetzt nicht den Fehler, den Fragenden zu belehren, dass derartige Fragen von der Halacha her strikt verboten sind, Proselyten nicht diskriminiert werden dürfen etc., sondern nehmen Sie es mit Humor.

Es gibt allerdings auch ein paar Verhaltensweisen, die outen Sie unter Garantie so gut, als trügen Sie ein T-Shirt mit der Aufschrift ›Getovelter Goi‹:

– Lassen Sie jeden in der Gemeinde wissen, dass Sie besser beten, koscherer kochen und am Jom Kippur mindestens zehn Minuten länger fasten.

– Lernen Sie 350 Rezepte für gefilte Fish auswendig.

– Schaukeln und wippen Sie beim Beten, als wollten Sie den Miss Fitness-Wettbewerb auf Eurosport gewinnen und sichern Sie sich notfalls unter Einsatz Ihrer Ellbogen den dafür nötigen Freiraum.

– Sollte der Vorbeter einen Fehler machen, so leiden Sie ganz fürchterliche Qualen und lassen Ihre Umgebung durch laute Seufzer und laute ›Oywawoy‹-Rufe wissen, dass Sie sich fühlen, als sei eben vor Ihren Augen der Tempel nochmals zerstört worden.

– Beten Sie immer alles, wirklich ALLES im Siddur, sogar das Inhaltsverzeichnis.«[63]

Auch das umgekehrte Thema »Juden konvertieren zum Christentum« liefert Material für Witze, wie das folgende Beispiel zeigt.

Prüfung in Glaubensfragen:
»Drei Juden, Anwärter für einen Glaubensübertritt, müssen ihr Wissen in Glaubensfragen einer Prüfung unterziehen. ›Was ist das Osterfest?‹ wird der erste gefragt. ›Ostern? Damals wurde Jesus geboren.‹
›Sehen sie sich den Katechismus doch bitte noch etwas genauer an! Der nächste bitte!‹ ›Was ist das Osterfest?‹ wird der zweite gefragt. ›An Ostern hat Jesus das Rote Meer geteilt.‹
›Leider nein. Bitte lesen sie das Evangelium noch einmal. Der nächste bitte!‹
›Was ist Ostern?‹ wird der dritte Kandidat gefragt. ›Ostern war die Wiederauferstehung Christi‹, antwortet er zögernd.
›Sehr gut, fahren sie fort.‹ ›Gut, äh ... Drei Tage lag er im Grab ...‹
›Ausgezeichnet. Und dann?‹ ›Dann ist er herausgetreten, hat seinen Schatten gesehen und ist schleunigst wieder zurückgekehrt!‹«[64]

Dies ist kein Witz: Bei einer Umfrage bekundeten dreiviertel der Befragten Christen Mühe, die Bedeutung christlicher Feste anzugeben.
Wer die folgenden Witze in Umlauf gebracht hat, lässt sich nicht mehr feststellen:

»Ein Jude ist zum Christentum übergetreten. Er darf vor der neuen Gemeinde ein paar Worte sprechen. Wie ist aber die Anrede für die Gemeindeglieder? Schließlich sagt er: ›Liebe Gojim...‹«

Seit gestern erst ...
»Baron Jonas Königswarter, der bekannte Wiener Bankier, hatte eine große Abneigung gegen Täuflinge. Oft und oft gab er seiner Meinung über sie in geistreicher Weise Ausdruck. Als ihm einst ein Börsenmann, von dem eben erzählt worden war, dass er sich tags vorher hatte taufen lassen, ein Geschäft anbot, das Königswarter nicht passte, sagte er: ›Merkwürdig, seit gestern erst getauft und heute sind sie schon ein Dummkopf!‹«[65]

Oft sind Ironie und Schlagfertigkeit die beste Antwort auf eine Situation, wie die folgende Anekdote zeigt:

»Ein Schnorrer, der auf seiner Wanderung in eine kleine polnische Gemeinde kam, hatte das Unglück, von einem Juden aus seiner Heimat erkannt zu werden; es stellte sich heraus, dass er getauft war.
Da gab es einen großen Krach in der Gemeinde. ›So ein Schwindler!‹ Vor dem Rabbiner legte der Schnorrer ein Geständnis ab, beteuerte aber nach wie vor, ein guter Jude zu sein. ›Was bedeuten einige Tropfen Wasser‹, fragte er. ›Unsere Vorfahren zogen durchs Meer, dennoch blieben sie Juden und erhielten das gelobte Land.‹«[66]

Dass Jesus ein Jude war, gibt nicht nur zu reden, sondern auch Stoff für Witze:

»Rabbi Levy war im katholischen Krankenhaus. Er freundete sich mit einer Krankenschwester an. Eines Tages, als diese das Zimmer betrat, realisierte sie, dass das Kruzifix an der Wand fehlte. Sie fragte: ›Rabbi, was haben sie mit dem Kruzifix gemacht?‹
›Ach, Schwester,‹ antwortete Rabbi Levy, ›ich fand, dass ein leidender Jude in diesem Zimmer genügt.‹«

Im »Großen Buch des jüdischen Humors« lautet der zweite Teil »Juden und Gojim« und beginnt mit dem Titel »Witze des Antisemitismus«. Die Seitenüberschriften heißen jeweils links »Juden und Gojim«, rechts »Antisemitismus«. Dies sagt viel über das Verhältnis von Juden und Andersgläubigen aus. Das heißt, das Verhältnis ist derart belastet, dass sogar in

einem Buch über den Humor an erster Stelle der Antisemitismus steht!
Die folgenden zwei Beispiele sollten zur Illustration genügen:

»Als sich bei einer Gemeinderatssitzung der Stadt Wien ein Antisemit auf das Anwachsen des antisemitischen Gedanken in Wien berief, sagte Sigmund Mayer: ›Natürlich! Wenn einer schon sonst nichts ist, wird er Antisemit!‹«[67]

Der Witz, »der Schochet«, zeigt Schlagfertigkeit gegenüber von Borniertheit:

»Ein Jude, der in einer kleinen Gemeinde als Vorbeter, Lehrer und Schächter angestellt war, wurde bei Gericht als Zeuge vernommen. Der judenfeindliche Richter jüdelte gerne und sprach den Juden immer wieder statt beim Namen mit Herr ›Schochet‹ an. Schließlich fragte er: ›Sonst haben sie nicht mehr zu sagen, Herr Schochet?‹ ›Nur noch das eine‹, erwiderte der Jude, ›Vorbeter bin ich für die Erwachsenen, Lehrer für die Kinder und Schochet für das Rindvieh!‹«[68]

Humor von Nichtjuden über Judentum und Juden

Humor über Juden? In den Tausenden von Witzen und Karikaturen über Juden fand ich vor allem offenen oder latenten Antisemitismus und die alten Vorurteile: Juden haben Hakennasen, sind dumm, hässlich und geldgierig.

Antisemitischer »Humor« gegenüber Juden zeigte oder zeigt sich auch im Alltäglichen. So wurde in der Schweizer Armee früher der Büchsenfleischkäse »Gestampfter Jud« genannt. Erst auf das energische Insistieren von Juden, die ja auch Militärdienst leisteten, wurde dies vor noch nicht so langer Zeit unterbunden. Mit offen antisemitischen Karikaturen beschäftigen wir uns noch eingehender.

Dass ein großer Teil der Witze in jüdelnder Sprache weiter gegeben werden, macht sie auch nicht besser. Dass Juden nicht richtig Deutsch sprechen können, ist ein weiteres Vorurteil. Gleichzeitig wird Jiddisch mit Jüdeln verwechselt. Jiddisch ist aber eine eigene Sprache.

Ein paar Beispiele zeigen, wie mit Humor auf Vorurteile geantwortet wird.

Petrus ist gegen Rassismus und Antisemitismus:
»›Kommen auch Juden und Neger in den Himmel?‹ wollte einer von Petrus wissen. ›Wer solche Fragen stellt‹, erwiderte Petrus finster, ›kommt bestimmt nicht hierher!‹«

Ein ehrlicher Mann:
»Ein alter Jude läuft schwer bepackt über einen Bahnhof in einer Kleinstadt und fragt nach längerem Zögern einen seiner Mitreisenden: ›Was halten sie eigentlich von Juden?‹ Darauf erwidert der Mann: ›Ich bin ein großer Bewunderer des jüdischen Volkes.‹ Der alte Jude geht weiter und fragt den nächsten die selbe Frage. Dieser erwidert: ›Ich bin fasziniert von den Leistungen jüdischer Mitmenschen in Kultur und Wissenschaft.‹ Der Jude bedankt sich für diese Antwort und geht zu einem weiteren Mann. Dieser erwidert auf die Frage: ›Ich mag Juden nicht besonders und bin froh, wenn ich nichts mit ihnen zu tun habe.‹ Darauf der alte Jude: ›Sie sind ein ehrlicher Mann, könnten sie bitte mal auf mein Gepäck aufpassen. Ich muss zur Toilette.‹«

Sind Juden geldgierig? So behaupten es viele Vorurteile. Dies hat auf Witze seine Auswirkung, wie das folgende Beispiel zeigt:

»Ein Mann geht am Sabbat spazieren und sieht eine Geldbörse auf der Erde liegen. Ihn überkommen aber starke Zweifel, ob er mit dem Aufheben schon gegen die Sabbatruhe verstößt. Plötzlich fällt er auf die Knie und ruft laut aus ›Danke, oh Herr, für dieses Wunder. Ringsum ist Sabbat, aber an dieser Stelle ist schon Woche*.‹«
* (Das heißt, Samstagabend nach Einbruch der Dunkelheit.)

Es gibt auch Witze mit einem antisemitischen Hintergrund, die glücklicherweise aber nicht gegen die Juden gerichtet sind.

Adolf Hitler geht zum Wahrsager:
»Wahrsager: ›Führer, du wirst an einem jüdischen Feiertag sterben.‹ Hitler: ›An welchem denn?‹ Wahrsager: ›Jeder Tag, an dem du stirbst, wird ein jüdischer Feiertag!‹«

Antisemitische Karikaturen als »Waffe«

Die älteste antisemitische Karikatur festzustellen, dürfte schwierig sein. Bereits 1921 erschien eine wissenschaftliche Untersuchung zu diesem Thema.[69] Die älteste Karikatur, die ich fand, ist im Jahr 1571 veröffentlich worden. Sie illustrierte die Spottschrift »Der Juden Ehrbarkeit«.[70] Von den Nationalsozialisten wurden Karikaturen gezielt eingesetzt. So bildeten sie zum Beispiel »Den ewigen Juden« auf einem Plakat für eine gleichnamige »Große politische Schau» in Wien ab. Beinahe alle Vorurteile gegen Juden sind in dieser Karikatur enthalten: Hässlich, langer Bart, Hakennase, geldgierig (auf der rechten Hand Münzen), kommunistisch und jüdische Weltverschwörung (unter dem linken Arm die Silhouette von Deutschland mit Hammer und Sichel).

Da wir dem Antisemitismus keinesfalls Vorschub leisten wollen, verzichten wir auf die Wiedergabe von antisemitischen Karikaturen in diesem Buch.

Auch Postkarten mit antisemitischen Motiven wurden eingesetzt, um die schändliche Ideologie im täglichen Leben zu verbreiten. Über 1000 Postkarten mit judenfeindlichen Motiven hat der Berliner Sammler Wolfgang Haney zusammengetragen. Diese Sammlung dokumentiert den Übergang von der christlichen Judenfeindschaft zum modernen rassistischen Antisemitismus des wilhelminischen Kaiserreiches hinein in die Weimarer Republik, der schließlich in den Vernichtungsantisemitismus des Nationalsozialismus mündete. Das Jüdische Museum Frankfurt hat auf dieser Grundlage in Kooperation mit dem Museum für Kommunikation und der »Arbeitsgemeinschaft Antisemitismus und Rassismus in visuellen Medien« 1999 eine Ausstellung konzipiert, die die Fülle antisemitischer Motive in ihrer Alltagsverwendung aufzeigt und ihre Verbreitung über das neue Massenmedium der Jahrhundertwende, die Postkarte, abbildet.[71]

Der anlässlich der Ausstellung erschienene Katalog[72] gibt einen Querschnitt und zeigt nochmals die bildliche Darstellung der Vorurteile.

Leider ist damit das Thema Antisemitismus nicht abgeschlossen, denn wer glaubt, dass mit dem Ende des »Tausendjährigen Reiches« die Judenfeindschaft beendet sei, täuscht sich.

Besonders in der arabischen Welt grassiert die Feindschaft gegenüber Juden beziehungsweise Israel, was sich auch in den Karikaturen ausdrückt.

Auch heute wird in der antisemitischen Bildsprache meist nicht zwischen Israel (der israelischen Regierung) und der jüdischen Religionsgemein-

schaft und der weltweiten jüdischen Bevölkerung unterschieden. Angeb-
liche »Weltherrschaft« und jüdische Kollektivhaftung gehen so nahtlos
ineinander über. Das Bild wird dabei zum Hauptmedium für den Transport antisemitischer Klischees. Das Internet ist der kostengünstigste und schnellste Weg,
um Karikaturen zu verbreiten. Alle zu finden, die im Netz sind, dürfte
heute praktisch unmöglich sein, so viele sind es bereits.

Die entmenschlichte Darstellung des Gegners gehört seit jeher zu den
verbreitetsten Mitteln jeder religiösen oder politischen Propaganda. Neben der Figur des Teufels selbst zählen dazu auch verschiedene Tiere,
denen traditionell bestimmte – negative – Eigenschaften zugeschrieben
werden.

Der jüdische Teufel ist ein beliebtes Motiv. So zum Beispiel der jüdisch-
amerikanische Teufel, das heißt, ein Teufel, dessen eines Auge Bush und
das andere Auge ein Israeli ist.[73]

Beliebt sind alle Motive um den Holocaust oder den Nationalsozialismus. Hier einige Beispiele:

– Olmert steht mit gespreizten Händen, von denen das Blut (nicht seines!) spritzt. Auf seinem hochgereckten Kinn sitzt eine Friedenstaube,
die ihm ein Hakenkreuz auf die Brust scheißt. Darüber steht auf Olmerts
Brust in Arabisch: »Der Ehrenkodex«.[74]

– Auf einem Cartoon ist das Vernichtungslager Auschwitz-Birkenau gezeichnet. Anstelle der Nazi-Fahne ist diejenige Israels zu sehen. In Arabisch steht auf der Tafel bei den Geleisen: »Der Gazastreifen oder das
israelische Vernichtungslager«.[75]

– Ariel Sharon schlägt mit einer Axt, deren Schneide ein Hakenkreuz ist,
so auf Menschen ein, dass das Blut spritzt.[76]

– Zwei bewaffnete Soldaten tragen am Helm den Davidsstern, darauf je
eine Hakenkreuzfahne. In Arabisch steht: »Israel ermordete 1967 ägyp-
tische Gefangene.« Der eine Soldat sagt: »Wir sind keine Mörder, wir
sind Nazi.«[77]

Dies sind nur ein paar zufällige Beispiele. Sie lassen sich beliebig erwei-
tern! Auffallend an dieser neuen Spielart des Antisemitismus nach der
Schoah ist die offensichtliche Umkehrung des Opfer-Täter-Verhältnisses,

wie sie auch in der Umdeutung des Gottesmord-Vorwurfs zutage tritt: Die behaupteten Opfer, Juden und Israelis, sind in Wahrheit Täter – Araber und Palästinenser die eigentlichen Opfer![78] Etwas differenzierter sieht und zeichnet es ein Karikaturist in der Zeitschrift »Al-Watan«: Einem Juden steckt ein Schwert mit einem Hakenkreuz im Rücken, er wiederum sticht einen Araber mit seinem Schwert nieder, das einen Davidsstern als Griff hat.[79] Was haben die Karikaturen mit jüdischem Humor zu tun? Eigentlich nichts, wäre man leicht geneigt zu sagen. Tatsächlich ist es aber so, dass, wie schon beschrieben, zwischen Judentum, respektive Juden und Israel kein Unterschied gemacht wird. So gehören auch alle antisemitischen Themen im weitesten Sinn zu diesem Abschnitt, obwohl antisemitische Karikaturen und »Witze« nicht lustig sind.

Grenzen des Humors

Innerjüdisch hört der Humor dort auf, wo Glaubensinhalte lächerlich gemacht werden. Antisemitische »Witze« und Karikaturen können kaum mehr unter »Humor« behandelt werden. Deshalb sind dort die Grenzen überschritten.

Zusammenfassung

Im Judentum und bei Juden finden wir viele Arten von Humor. So gibt es bereits im Talmud humorvolle Passagen. Bedingt durch die Verfolgungen entwickelten Juden eine spezielle Art von Humor, den wir entweder als Galgenhumor verstehen oder offensiver »Witz als Waffe« nennen können.

Karikaturen sind für Juden nicht grundsätzlich etwas, das sie ablehnen. Vorbehältlich der Tabus, die oben aufgeführt werden, dürfen jüdische und nichtjüdische Karikaturisten über Jüdisches zeichnen und karikieren.

Die antisemitischen »Witze« und Karikaturen sind das Gegenteil davon und dienen als Mittel, um die jüdische Minderheit zu diffamieren oder zu bekämpfen.

Anmerkungen

[1] www.inforel.ch/i20e1

[2] Pentateuch. Mit deutscher Übersetzung von J. Wohlgemuth und J. Bleichrode. Basel 1969.

[3] 1. König, 7,23-26.

[4] www.hagalil.com/judentum/avoda-sara/bilder.htm

[5] David. Jüdische Kulturzeitschrift. Hefte Nr. 54 (September 2002) und Nr. 64 (April 2005).

[6] Zum Beispiel: Yaffa Ganz: Chanukka, Purim, Tischa Be'Aw. Mit Bina, Beni und der Taube Chagai. Illustriert von Liat Benyaminy Ariel. Basel 1997.

[7] www.zucker-derfilm.de

[8] Ursula Homann: Der Witz als Waffe. Lachen und Humor in der jüdischen Tradition. Leicht überarbeitete und ergänzte Online-Version des Aufsatzes, der in der »Tribüne«, Zeitschrift zum Verständnis des Judentums, Heft 126/1993 erschienen war. www.ursulahomann.de/WitzAlsWaffe/komplett.html

[9] ders.

[10] ders.

[11] Chajim Bloch: Jüdische Witze und Anekdoten. Neu-Isenburg 2006, S. 301.

[12] ebd. S. 302.

[13] www.hagalil.com/deutschland/judentum/chorin.htm

[14] Ursula Homann, a.a.O.

[15] Mündlich von Rabbiner Marcel Ebel.

[16] Das Buch Esther. Tel-Aviv, Israel. Kap. 8, S. 16 f.

[17] RGG. Bd. 2, S. 913.

[18] Yaffa Ganz, a.a.O.

[19] www.berlin-judentum.de/news/2004/03/purim.htm

[20] Esaias Baitel: Purim. Das jüdische Fest der Freude bei den Chassidim in Jerusalem. Mit dem »Buch Esther« und einem Essay von Bernhard Cohen. Wien/München 1996.

[21] http://schule.judentum.de/projekt/info/4-5.htm

[22] Die Schreibweise ist uneinheitlich: Chanukka, Chanukah, Hanukah.

[23] Alfred J. Kolatch: Jüdische Welt verstehen. Sechshundert Fragen und Antworten. 4. Aufl. Wiesbaden 1999. S. 311.

[24] ders. S. 310.

[25] ders. S. 313.

[26] Salcia Landmann: Der jüdische Witz. Soziologie und Sammlung. Olten, Freiburg im Breisgau 1960 (erweiterte Neuausgabe 1999).

[27] Jan Meyerowitz: Der echte jüdische Witz. Berlin 1997.

[28] ders. S. 14.

[29] »Die Zeit«, 19/1971.

[30] ders.

[31] Meyerowitz, a.a.O., S. 60.

[32] ders. S. 106.

[33] ders. S. 112.

[34] Eine Variante finden Sie im Kapitel »Christentum«, im Unterkapitel »Zeugen Jehovas«.

[35] Schmunzelkatechismus. Eine heitere Theologie. Augsburg. S. 91.

[36] Siehe dazu auch: »Die Überlieferung weitergeben: Schlagfertigkeit«: www.hagalil.com/judentum/torah/zwi-braun/5-vaet-07.htm

[37] Bloch, a.a.O., S. 21f.

[38] ebd. S. 115.

[39] www.kindermund.de

[40] http://hagalil.com

[41] http://hagalil.com/jidish/witze.htm

[42] http://witze.koscher.net/

[43] http://witze.koscher.net/humor/juedischerwitz.html

[44] www.hagalil.com/archiv/2004/06/film.htm

[45] Interview mit Katja Nicodemus in: Die Zeit. Zitiert in: www.artfilm.ch/allesaufzucker.php?&lang=d

[46] Gisela Dachs (Hrsg.): Humor. Jüdischer Almanach. Frankfurt am Main 2004. S. 20ff.

[47] Homann. Der Witz als Waffe.

[48] ebd. S.16ff.

[45] http://schachar.futur-zwei.com

[50] www.myjewishlearning.com

[51] Zum Beispiel: Samuel Barth / Dick Codor: All You Want to Know About Sabbath Services: A Guide for the Perplexed. 1995 (ohne Ort).

[52] Hebräer 11,30.

[53] William Novak / Moshe Waldoks (Hgg.): Das große Buch des jüdischen Humors. Eingeleitet von Salcia Landmann. Mit Anekdoten, neu erzählt und einem Nachwort von Fritz Muliar. Aus dem Amerikanischen von Uschi Gnade, unter Mitarbeit von Lutz Bormann. Königstein im Taunus 1982. S. 311.

[54] www.israeli-art.com/satire/moishe.htm

[55] www.israeli-art.com/satire/moishe.htm

[56] http://shabot6000.com

[57] www.talmud.de/shabot6000/index.htm

[58] Ingetraud Skirecki (Hg.): Die Wunder von Chanukka – Jüdische Fest- und Feiertage in Geschichten. Mit einem Beitrag zum jüdischen Kalender von Heinrich Simon und Reproduktionen nach Originalen von Anatoli L. Kaplan. Berlin 2000.

[59] www.ephraimkishon.de/

[60] Paul Spiegel: Was ist koscher? Jüdischer Glaube – jüdisches Leben. München, 3. Aufl. 2003.

[61] ders. S. 274ff.

[62] www.talmud.de/cms/Die_bunte_Welt_der_Prosel.103.0.html?&no_cache=1&sword_list%5B%5D=humor

[63] ders.

[64] Die große Welt des jüdischen Humors. Aus dem Französischen von Enrico Heinemann und Reinhard Tiffert. Stuttgart 1998. S.219f.

[65] Bloch, a.a.O. S. 56.

[66] ders. S. 92.

[67] ders. S. 130.

[68] ders. S. 142.

[69] Eduard Fuchs: Die Juden in der Karikatur. Ein Beitrag zur Kulturgeschichte. Mit 307 Textillustrationen und 31 schwarzen und farbigen Beilagen. München 1921.

[70] ders.

[71] http://hagalil.org/hagalil/or/2004/02/antisemitismus-postkarten.htm

[72] Abgestempelt. Judenfeindliche Postkarten, Frankfurt am Main 1999 (Eine umfangreiche Text- und Bilddokumentation der Ausstellung).

[73] Ad-Dustur. Jordanien. 14.8.2006.

[74] Ad-Dustur. Iran. 5.8.2006.

[75] Ad-Dustur. Jordanien. 19.10.2003.

[76] M. Kahlil , Arab News. 10.4.2002.

[77] Al-Ahali. Ägypten. 21.3.2007.

[78] Johannes Valentin Schwarz: Antisemitische Karikaturen und Cartoons. Fremdbilder – Selbstbilder. www.jm-hohenems.at/mat/504_karikaturen.pdf

[79] Al-Watan. Oman. 10.8.2002.

Islam

Einführung

Der Islam ist mit etwa 1,3 Milliarden Anhängern die zweitgrößte Religion. Die heutige Form geht auf den Propheten Mohammed (ca. 570-632) zurück. »Islam« bedeutet etwa »Ergebung (in den Willen Gottes)«; «Muslim» ist jeder Mensch, der sich in den Willen Allahs ergibt und die fünf Säulen des Islam anerkennt:

1. Glaubensbekenntnis: Ich bezeuge, dass es keinen Gott gibt außer Allah (= »DER Gott«) und dass Mohammed sein Gesandter ist.
2. Fünf tägliche Pflichtgebete.
3. Verpflichtung, im Monat Ramadan zu fasten.
4. Die jährliche Sozialabgabe »Zakat«.
5. Die Wallfahrt nach Mekka.

Der Koran gilt als unveränderlich und ist Heilige Schrift und Gesetzbuch. Der Islam entstand auf der Basis des Judentums und des Christentums und ist nach Überzeugung der Muslime die Wiederherstellung des ursprünglichen Islams. Die biblischen Propheten werden anerkannt. Ibrahim (Abraham) gilt als Ur-Muslim. Isa (Jesus Christus) ist der direkte Vorgänger von Mohammed und erfährt Hochachtung.
Neben dem Koran spielt die Sunna, das heißt, das Beispiel beziehungsweise das vorbildliche Verhalten des Propheten Mohammed, eine wichtige Rolle. Die Sunna ist neben dem Koran für Muslime die zweite Wissensquelle. Diese Überlieferungen werden als Hadith weiter vermittelt. Sie wurden zunächst mündlich überliefert und später nieder geschrieben. Die bekanntesten Sammlungen sind die von Bukhari (Muhammad ibn Ismail Al-Buchari, 810-870 n.Chr.) und Muslim ibn al-Hajjaj (821 oder 817-875 n.Chr.). Obwohl die Hadith nicht Teil der koranischen Offenbarung sind, genießen sie eine hohe Achtung.

Die Muslime vertreten wie die Christen einen Absolutheitsanspruch und betreiben Mission. Mit Juden und Christen verbindet sie die Erwartung des »Mahdi« oder »Messias« und das Gericht. Die Muslime sind in zwei Hauptrichtungen (Sunniten ca. 85 Prozent und Schiiten ca. 12 Prozent) und einige kleinere Gruppierungen geteilt. Eine spezielle Gruppierung bilden die Aleviten, die vor allem in der Türkei vertreten sind. Sie verehren Mohammeds Neffen und Schwiegersohn Ali besonders, lehnen die islamische Gesetzlichkeit mehrheitlich ab und setzen sich für Demokratie und einen undogmatischen Humanismus ein. Von den Sunniten werden sie als Häretiker abgelehnt. Im deutschsprachigen Raum sollen etwa 500.000 Aleviten leben.

Der Islam und das Verhältnis zum Westen

Am 30. September 2005 publizierte die auflagenstarke dänische Zeitung »Jyllands-Posten« zwölf Karikaturen des Propheten Mohammed. Religionsexperten hatten davon abgeraten, weil im neueren Islam nicht nur ein absolutes Bilderverbot mit Bezug auf Allah und Mohammed, sondern auch ein Verspottungsverbot herrscht. »Wir wollten einfach testen, ob es in Dänemark eine Selbstzensur gibt«, kommentierte Chefredaktor Carsten Juste. Der Anlass dafür war, dass zuvor kein Künstler eine Biografie Mohammeds aufgrund des muslimischen Bildertabus zu illustrieren gewagt hatte. 12 von 24 der von der Redaktion angefragten Karikaturisten machten mit. Wegen Morddrohungen tauchten zwei beteiligte Zeichner unter.[1] Um die Probleme und Auseinandersetzungen um die Mohammed-Karikaturen zu verstehen, müssen wir uns zwei wichtige Faktoren vergegenwärtigen. Nämlich einerseits das bereits genannte Bilderverbot und andererseits die Beziehung des Islams zum nichtislamischen Westen und zu Israel. Mit dem Bilderverbot werden wir uns noch eingehender beschäftigen.

Der nichtislamische Westen, respektive die USA, werden oft mit Israel gleichgesetzt. Es kursieren die absurdesten Gerüchte von einer Weltverschwörung der Juden und Amerikaner.

Eine besondere Facette des Antisemitismus und der Feindschaft gegen Israel ist die Behauptung, dass der Holocaust nie stattgefunden habe, wie sie dezidiert vom iranischen Präsidenten Ahmadinejad vertreten wird. Am 8. Dezember 2005 sagte Ahmadinejad in einer Rede im saudiarabischen Mekka laut der amtlichen iranischen Nachrichtenagentur IRNA:

»Einige europäische Länder pochen darauf, dass Hitler Millionen un-schuldiger Juden in Öfen getötet hat und sie pochen darauf so sehr, dass sie jeden verurteilen und ins Gefängnis werfen, der etwas Gegenteiliges beweist. Wir akzeptieren diese Behauptung nicht. Aber wenn wir davon ausgehen, dass sie wahr ist, dann haben wir folgende Frage an die Euro-päer: Ist die Tötung unschuldiger jüdischer Menschen durch Hitler der Grund für eure Unterstützung für die Besatzer Jerusalems?«[2]

Am 16. Januar 2006 gab die iranische Regierung den Plan bekannt, eine internationale Konferenz zum Thema Holocaust in Teheran einzuberu-fen, zu der Holcocaustleugner aus aller Welt eingeladen werden sollen. Das Thema wurde auch von Karikaturisten zeichnerisch behandelt. Viele dieser Karikaturen wurden auf der Homepage »irancartoon« veröffent-licht. Der Tenor vieler Karikaturen ist der, dass im Westen der Islam lächerlich gemacht, Kritik am Holocaust aber nicht geduldet wird.

Bilderverbot

In der durch die Karikaturen des Propheten Mohammed provozierten weltweiten Krise hieß es oft, die muslimische Reaktion sei unter anderem auch durch das Verbot, den Propheten darzustellen, bewirkt worden. Muslime schreiben auf der Website islam.de dazu:

»Im Islam dürfen weder Engel, noch Propheten, noch Gott abgebildet werden. Bei den Engeln und Gott/Allah wissen wir nicht genau, wie sie aussehen, außerdem können wir Allah nicht auf eine primitive Zeichnung reduzieren, wir können Gott nicht begreifen. Propheten dürfen wegen der Gefahr der Anbetung und übertriebenen Verehrung nicht dargestellt werden, weil dies zu Irritationen im Glauben an Allah führen kann.«[3]

Was ist das islamische Bilderverbot? Der Philosoph Almir Ibric kann für sich das Verdienst in Anspruch nehmen, die Frage des islamischen Bilder-verbots in seiner Dissertation[4] versachlicht zu haben. Eine Kurzfassung hat er im Internet veröffentlicht.[5] Die folgenden Überlegungen stammen alle aus diesem Buch.

Ibric zufolge ist das Bilderverbot im Islam eigentlich ein Polytheismusver-bot und als solches soll es verstanden werden.[6] Es gilt der dynamistischen Weltanschauung, weil diese einen Gegensatz zum Islam darstellt.[7] In der

Frage der Bilder, die Anbetungszwecken dienten, dürfte der Prophet Abraham ein theoretisches Vorbild für Mohammed gewesen sein. Mohammed ließ alle Kultbilder in Mekka entfernen, wobei das spätere Pendant zum Bild, die Ornamentik, zur gleichen Zeit entstand.[8] Das Bilderverbot betont die Einheit Gottes. Die Transzendenz Gottes und dadurch seine Mächtigkeit und Erhabenheit werden durch die Unmöglichkeit seiner Visualisierung, aber auch durch die Alternativ-Formen der Darstellung (Ornamentik) bestätigt.[9]

Im Koran findet sich kein Kunstverbot, hingegen ist die Darstellung von Göttern verboten. Man soll sich nicht mehr mit Hilfe von »realen« Bildern erinnern, sondern mittels »geistiger Bilder«.[10] Die Transzendenz Gottes ist visuell nicht darstellbar, im Gegensatz zum Prophet. Laut Koran ist er aber »nur« ein Mensch (Koran 18, 110) und alle Darstellungen in dieser Richtung würden zu einem Menschenkult führen, deshalb soll er nicht abgebildet werden. Was dargestellt werden soll, ist die Offenbarung, also der Koran.[11]

Das Bilderverbot findet sich nicht im Koran, sondern nur in der Sunna. Allerdings wird kein Verbot der Bilder im Sinne der Kunst als Begriff verwendet. Alles sollte vermieden werden, was als Produkt zu Anbetungszwecken dienen könnte.[12]

Ibric fasst den Komplex folgendermaßen zusammen:

»Das Bilderverbot im Islam ist im Grunde ein Polytheismusverbot: Alles, was zu Anbetungszwecken dient ist verboten, wobei die Anbetungsformen unterschiedlich sind und von einer primitiven Anbetungspraktik zu einer Gottheit bis zur ›Anbetung‹ im Sinne der materialistischen Lebenseinstellung verstanden werden kann. Nicht nur die Abbilder Gottes, sondern auch literarisch-philosophische Gotteserklärungen, und daraus entstandene Inspirationen für einen Künstler, sind als verboten zu deuten. Alle Darstellungen, die zu Anbetungszwecken dienen, sind ein Gegensatz zum Islam und sind deshalb zu meiden. [...] Das Bilderverbot ist aber kein Kunstverbot, solange die Kunst, die dargestellt wird, im Rahmen der durch die Offenbarung geschaffenen Ordnung bleibt. Diese Ordnung entsteht auf Basis der Offenbarung, kann aber auf den ersten Blick ungewöhnliche Formen annehmen und ist anpassungsfähig.«[13]

Bilder von Mohammed,
den Engeln und dem Koran

Obwohl weder Mohammed noch die Engel abgebildet werden dürfen, wurde dieses Verbot nie konsequent durchgesetzt. Es gibt zum Beispiel unzählige Miniaturen aus islamischen Ländern: So wird Mohammed mit dem Engel Gabriel dargestellt,[14] ebenso im Paradies,[15] oder die Begegnung von Mohammed mit Moses.[16] Selbstverständlich wurde Mohammed auch von Nichtmuslimen mehr oder weniger respektvoll abgebildet.

Die Kinderbuchautorin Soumia Sidi Moussa hat die Quadratur des Zirkels versucht, indem sie ein Bilderbuch über Mohammed verfasst hat, ohne Mohammed oder ein anderes lebendiges Geschöpf zu zeichnen. Sie löste das Problem, indem sie Häuser von innen und außen malte mit allem, was dazu gehört, aber eben ohne Menschen und Tiere. Es sieht so aus, als seien die Leute schnell einmal weggegangen und kämen gleich wieder. Sogar eine Schlacht zeichnete sie ohne die Kämpfenden. Die Waffen schweben in der Luft oder liegen am Boden. [17]

Anders lösten es die Filme-Macher mit ihrem Film »Mohammed – Der Gesandte Gottes«. Anthony Quinn und Irene Papas sind die Hauptdarsteller in dem epischen Monumentalwerk, das bereits 1976 entstanden und 2007 als DVD erschienen ist. Es ist ein normaler Spielfilm, aber Mohammed ist nie sichtbar, weil, so der Kommentar, »Mohammed bildlich nicht dargestellt werden darf«.

Im französischen Verlag Edition Alef erschien ein Comic von 47 Seiten im DIN-A4-Format, geschrieben und herausgegeben von Youssef Seddik, einem islamischen Gelehrten in Paris, der eines Tages die Idee hatte, dass man den Koran auch als Bildergeschichte erzählen könnte. Seddik konzipierte acht Bände, drei sind auf Französisch und Arabisch bereits erschienen.

Es gibt durchaus auch Karikaturen von Muslimen über den Islam. Eine muslimische Kollegin stellte mir zum Beispiel sieben türkisch-islamische Karikaturen zur Verfügung. Leider wusste sie weder die Urheber, noch die Quellen.

Alle Karikaturen thematisieren auf humoristische Art das Glaubensleben von Muslimen in den Moscheen.

Mohammed-Karikaturen

Die umstrittenen Karikaturen von 2005, haben über längere Zeit die Gemüter bewegt und hatten den Tod von über hundert Menschen zur Folge. Millionen von Muslimen gingen auf die Strasse und demonstrierten teils friedlich, aber zu einem großen Teil auch gewaltsam gegen etwas, das die meisten von ihnen nicht einmal selber gesehen hatten, sie aber in ihrem Glauben und ihrem Selbstwertgefühl sehr verletzte.[18]

In aller Kürze sollen die Geschehnisse rekapituliert werden: Am 30. September 2005 veröffentlichte die dänische Zeitung »Jyllands-Posten« zwölf Karikaturen des Propheten Mohammed. Der Kinderbuchautor Kare Bluitgen hatte zuvor keinen Illustrator für sein neues Buchprojekt über das Leben des Propheten Mohammed, erzählt für Kinder, gefunden. Darauf hin schrieb der Chefredaktor Flemming Rose eine Art Mohammed-Karikatur-Wettbewerb aus.[19]
»Er habe in Erfahrung bringen wollen,« sagte Rose, »wie weit die Selbstzensur in der dänischen Öffentlichkeit geht«, zitierte die »Zeit« Rose in einem ausführlichen Hintergrundartikel.[20] Muslimische Organisationen protestierten heftig gegen die Karikaturen und organisierten eine Rundreise durch arabische Länder, um die Zeichnungen dort vorzuführen. Dabei sollen sie jedoch »nicht nur die zwölf inkriminierten Karikaturen aus der Jyllands-Posten« herumgezeigt haben, sondern »auch zusätzliche Schmähzeichnungen, die ungleich heftiger und geschmackloser sind – und deren Herkunft unklar ist«, berichtete »Spiegel Online«.[21]
Um nicht noch mehr Öl ins Feuer zu gießen, veröffentlichen wir hier die umstrittenen Mohammed-Karikaturen nicht, sondern beschreiben sie und geben dazu jeweils eine Einschätzung aus religions- und islamwissenschaftlicher Sicht.[22] Zusammenfassend kann vorausgeschickt werden: Nur vier Karikaturen sind bösartig, vier sind selbstironisch auf die Karikaturisten bezogen, die restlichen vier transponieren Vorurteile bezüglich des Aussehens mediterraner Typen. Die Reihenfolge der Beschreibung richtet sich nach derjenigen von perlentaucher.de.[23]

1. Annette Carlsen zeichnete einen Karikaturisten. Er steht wie in einer polizeilichen Gegenüberstellung vor sieben Männern, die alle einen Turban tragen. Er sagt: »Hm ... Ich kann ihn nicht erkennen.«

Es ist eine Karikatur über den Karikaturisten, der nicht weiß, wie Mohammed aussieht. Es ist also keine Mohammed-Karikatur!

2. Arne Sorensen stellt einen Karikaturisten am Zeichenbrett dar, der ein bärtiges Gesicht zeichnet. Es ist also eher eine Karikatur über den Karikaturisten.

3. Kurt Westergaard hat einen Kopf mit einem Turban, der gleichzeitig eine Bombe ist, gezeichnet. Auf dem Bomben-Turban befindet sich ein arabischer Schriftzug mit der Schahada, dem islamischen Glaubensbekenntnis. Es ist ein klischeehafter Orientale. Die Bombe ist ein Anachronismus. Dass sich Muslime verletzt fühlen, ist verständlich!

4. Auf der Zeichnung von Bob Katzennelson trägt ein Mann einen Turban und eine Brille. In der Hand hält er eine Kinderzeichnung. Vielleicht handelt es sich um eine Selbstreflexion des Karikaturisten, mit der er zeigt, dass niemand weiß, wie Mohammed aussah und dass deshalb bestenfalls eine Kinderzeichnung über ihn möglich ist.

5. Claus Seidel hat keine Karikatur, sondern eine beliebige Illustration geliefert, indem er einen klischeehaften Mann mit Esel gezeichnet hat. Dieses Bild könnte auch in einer Kinderbibel stehen. Allerdings berichtet die Überlieferung, dass Mohammed arm aufgewachsen war und später Karawanenführer wurde. Abgesehen vom islamischen Bilderverbot spricht nichts gegen diese Zeichnung, denn sie ist respektvoll und transportiert auch keine Vorurteile.

6. Franz Füchsel zeichnete einen Mann, der ein Papier in der Hand trägt. Hinter ihm kommen zwei Bewaffnete angerannt. Der Lesende sagt: »Easy my friends, when it comes to the point it is only a drawing made by a non believing Dane ...«. (»Langsam, meine Freunde. Es ist nur eine Zeichnung, die ein ungläubiger Däne gemacht hat ...«). Auch hier stellt sich die Frage, ob sich der Karikaturist selber auf die Schippe nimmt.

7. Jens Julius zeichnete einen Mann im Habit eines iranischen Mullahs. Zu ihm kommen abgerissene Gestalten, die von ihm zu hören bekommen: »Halt, wir haben nicht mehr genügend Jungfrauen!«. Nach dem Koran sind den verstorbenen Männern »Huris« (reine Wesen, Jungfrauen) versprochen, aber Mohammed fällt aus der Rolle. Allgemein wird angenommen, dass es sich um Mohammed handelt. Diese Karikatur ist bösartig.

8. Lars Refn macht sich über die Karikaturisten lustig. Er zeichnete nämlich einen Knaben, der Mohammed heißt und in der Klasse 7A in die Valbyskole geht. Der Knabe Mohammed schreibt an die Wandtafel: »Die

Journalisten von Jyllands-Posten sind eine Bande reaktionärer Provokateure.« Es ist also Selbstironie und keine Karikatur von Mohammed! 9. Peder Bundgaard kombinierte ein bärtiges Gesicht mit dem islamischen grünen Halbmond. Was der Witz davon sein soll, entzieht sich unserem Verständnis. 10. Auch Poul Erik Poulsen zeichnet Mohammed als einen klischeehaften Orientalen mit Bart und Turban. Der Witz ist höchstens der Heiligenschein in Form des Halbmonds. 11. Rasmus Sand Hoyer will offensichtlich provozieren, indem er Mohammed als einen bärtigen Turbanträger mit einem Schwert in der Hand und Balken über den Augen zeichnet, hinter dem zwei schwarz verhüllte Frauen stehen. Diese Karikatur ist bösartig und darauf angelegt, die Vorurteile zu vertiefen. 12. Erik Abild Sorensen skizzierte fünf schemenhafte Frauen, die anstelle von Gesichtern je einen Davidsstern (!) und den islamischen Halbmond haben. Dazu steht der Schriftzug: »Prophet! daft and dumb keeping woman under thumb«. (»Prophet! Die Frauen dämlich und dumm unter der Fuchtel behalten«). Hat Mohammed etwas für oder gegen die Frauen gemacht?

Alle zwölf Karikaturen sind eher bescheiden und zeigen eine geringe Kenntnis des Islams im Allgemeinen und Mohammeds im Besonderen. Dass die Muslime derart entsetzt reagierten, dürfte außer der verbotenen Darstellung Mohammeds und der wenigen diffamierenden Karikaturen noch eine weitere Ursache haben. In dem Dossier, das von dänischen Imamen verbreitet wurde, waren nämlich noch weitere Karikaturen enthalten:

1. Ein bärtiger Mann mit Hörnern hält in jeder Hand eine Puppe. Daneben heißt es: »Den paedofile ›profet‹ Mohamed.« (»Der pädophile ›Prophet‹ Mohammed.«)
2. Dargestellt ist ein Schwein. Es handelt sich aber nicht um Mohammed, sondern geht nachweislich auf einen »Quiek-Wettbewerb« in Frankreich zurück. Inzwischen wurde auch bekannt, daß es sich bei diesem Foto, das angeblich den Propheten Mohammed in der Verkleidung eines Schweins zeigt, tatsächlich um eine Aufnahme von einem französischen Wettbewerb handelt, bei dem die Teilnehmer möglichst echt das Quieken von Schweinen imitieren. Die Nachrichtenagentur AP hat inzwischen bestätigt, dass dieses Foto von einem ihrer Fotografen bei einem fran-

zösischen Landwirtschafts-Festival aufgenommen worden sei. Es sei von
Unbekannten »völlig außerhalb des Kontextes und ohne Genehmigung
verwendet« worden. [24]

3. Ein betender Muslim wird von einem Hund bestiegen.

Wie diese Bilder auch in das Dossier zu den zwölf Mohammed-Karikaturen aus Dänemark gekommen sind, ist nicht bekannt. Es gibt dazu sogar
Vermutungen, dass sie von Muslimen bewusst irreführend dazu gelegt
worden sein sollen, um die Stimmung anzuheizen. Allerdings fehlen bis
jetzt diesbezügliche Beweise.

Hingegen ist es leicht beweisbar, dass viele Muslime, die gegen die Karikaturen protestiert haben, die umstrittenen Bilder nie gesehen haben.
Peinlich ist es, wenn jene Muslime den Medien Interviews geben. [25]
Als Schlussfolgerung können wir feststellen, dass bewusst provoziert
wurde und viele Muslime auf die Provokation eingegangen sind.

Sind Muslime humorlos?

Gibt es überhaupt Humor im Islam? Wer diese Frage stellt, beantwortet
sie im Grunde schon negativ. Dies ist verständlich, wenn wir uns die Reaktionen auf die Mohammed-Karikaturen vergegenwärtigen. Allerdings
ist dies nur ein Aspekt. Grundsätzlich sei darauf verwiesen, dass es »die«
Muslime nicht gibt, sondern dass die rund 1,3 Milliarden Menschen, die
sich zum Islam bekennen, in unzähligen Ländern mit unterschiedlichen
Kulturen leben und dass die Menschen sehr verschieden sind. Außerdem
sind sie nicht nur »Muslime«, sondern zuerst einmal einfach Menschen,
deren Religion der Islam ist.

Karikaturen sind ein Spiegel der Gesellschaft. In Zeitungen und auf
Internetseiten aus islamischen Ländern finden wir jede Menge Karikaturen, Cartoons und Witze. So gibt es den »Cartoon of the Day«
respektive den »Daily Cartoon« oder wie es in der jeweiligen Landes-
sprache heißen mag. Dabei werden allerlei tägliche Ärgernisse und politische Figuren karikiert. In Palästina ließen die Arafatwitze kein Thema
aus – weder sein Aussehen, noch seine zeitweilige Unbeliebtheit beim
Volk.

Den Regierungschef Abu Masen ließen die Witzeerzähler mit Arafat in
ein türkisches Bad gehen. Arafat musste 50 Shekel Eintritt zahlen, Abu
Masen 100 Shekel. Auf seine empörte Rückfrage, wie es dazu käme, ant-

wortete der Badeigentümer: »50 Shekel zahlen die einfachen Korrupten.
Du aber zählst für zwei.«[26]
Außerdem sind religiöse Themen kein Tabu. Und es gibt erfolgreiche
Comedy-Shows, wie zum Beispiel Senay, »die erste deutsch-türkische
Stand-up-Comedian«.[27]

Humor in der islamischen Welt

2005 wurden in einer Ausstellung hundert politische und gesellschafts-
kritische Karikaturen aus den Maghrebländern Libyen, Tunesien, Algeri-
en und Marokko in Berlin gezeigt. Die Internetseite Qantara.de, »Dialog
mit der islamischen Welt«, brachte darüber einen ausführlichen Bericht
mit einzelnen Beispielen von Karikaturen.[28]
Die Ausstellung zeigte deutlich, dass auch in der arabischen Welt die
Karikatur eine beliebte Form ist, Kritik an Regierung und Gesellschaft
zu äußern.
Auf einem Symposium der Berliner Universität diskutierten internationale Vertreter über Humor in den Gesellschaften der arabischen Welt von
der Vergangenheit bis in die Gegenwart.[29] Dabei wurde sichtbar, dass
offensichtlich in den letzten Jahren die Empfindlichkeit, was religiöse
Witze betrifft, zugenommen hat. Über die Gründe dafür wurde nur am
Rande spekuliert.
Die algerische französischsprachige Tageszeitung »Liberté« bringt in jeder Ausgabe auf der letzten Seite eine witzige Zeichnung unter der Kopf-
zeile »Le Dilem du jour«. Dilem ist der wohl populärste Karikaturist des
Landes.
Auch in der Türkei ist Humor kein Fremdwort. Karikaturen und Cartoons zeigen kritisch die Schwachpunkte in Politik und Gesellschaft.
Karikaturisten verzichten auch nicht auf zentrale Themen des Islam und
halten zum Beispiel scheinheiligen Hodschas (Vorbetern in einer Moschee) einen Spiegel vor.
Der Cartoonist Hayati Boyacioglu lebt in Deutschland. Er ist Mitheraus-
geber eines deutsch-türkischen Satire-Magazins und meint:

*»Dort, wo es wirkliche Probleme gibt, wo Armut, Angst und Unterdrü-
ckung eine Rolle spielen, da hat der Humor seine Aufgabe. Soll heißen:
In der Türkei. Bei uns ist Satire ein Volkssport.«[30]*

Ähnlich wie in den osteuropäischen Ländern oder in der DDR vor dem Mauerfall hat die jahrzehntelange Unterdrückung und Gängelung durch die israelische Besatzung und durch die Palästinensische Autonomiebehörde auch bei den Palästinensern eine Kultur der Witze entstehen lassen. Ein Beispiel soll dies illustrieren:

»›Ich will einen palästinensischen Staat‹, sagt Arafat zu Gott, der ihm einen Wunsch erfüllen will. Gott druckst herum. ›Das wird nicht zu deinen Lebzeiten passieren, Arafat.‹ ›Ich will Jerusalem‹. ›Das wird auch nicht zu deinen Lebzeiten passieren, Arafat‹. ›Dann will ich wenigstens so gut aussehen, wie George Clooney‹. ›Arafat!‹, sagt Gott, ›das wird noch nicht mal zu meinen Lebzeiten passieren.‹«

Sharif Kanaana ist ein palästinensischer Ethnologe und sammelt seit vielen Jahren Witze, Erzählungen und Legenden der Palästinenser.[31] Auf Deutsch ist von Sharif Kanaana und Pierre Heumann 2001 im Chronos-Verlag das Buch erschienen:»Wo ist der Frieden? Wo ist die Demokratie? Der palästinensische Witz: Kritik, Selbstkritik und Überlebenshilfe«.

Auch die Internetseite Seite IranCarton.com bietet eine repräsentative Auswahl an Karikaturen und Cartoons aus dem islamischen Raum. In den»Daily Cartoons« finden wir die ganze Bandbreite von Karikaturen und Cartoons: gesellschaftskritisch, politisch, verspielt, nachdenklich, antiwestlich, selbstkritisch und gelegentlich antisemitisch, respektive antiisraelisch.

Zum Tod von Papst Johannes Paul II. (2005) erschienen mehrere respektvolle Karikaturen. So zum Beispiel eine weinende Friedenstaube mit der Tiara, der dreifachen Krone des Papstes als Flügel.

Eine lustige Karikatur zeigt den Papst auf seinem Thron mit Rollen, wie er von zwei Engeln in den Himmel geführt wird.

Was mir bei der Durchsicht der letzten drei Jahrgänge der»Daily Cartoons« – also mehrere Hundert Bilder – aufgefallen ist, ist die Ästhetik.

Selbstverständlich kommt das Antiamerikanische in den»Daily Cartoons« nicht zu kurz. So zeichnet zum Beispiel Mahdi Sadeghi (Iran) Folgendes: Ein Amerikaner kämpft mit einem Schwert gegen die Sonne, auf welcher der Schriftzug»ISLAM« steht. Das Schwert hat die Spitze verloren und raucht schwarz.[32]

Das ist nur eine kleine und außerdem sehr subjektive Auswahl von Hunderten von Karikaturen aus dem arabischen Raum.

Auch Shazia Mirza macht Witze über ihr Leben als Muslimin und ist der Meinung, dass Humor immer siegt. Die aus einer pakistanischen Familie stammende britische Komikerin hat mit ihrer Comedy-Show auch in Deutschland großen Erfolg. Shazia Mirza[33] lebt in und mit zwei Kulturen und verarbeitet dies mit Humor.[34] Aber auch in Kanada gibt es Muslime, die sich mit dem Zusammenleben der unterschiedlichen Kulturen und Religionen humoristisch auseinandersetzen. Die TV-Comedy-Serie »Little Mosque on the Prairie« nimmt den Kulturkampf zwischen Nordamerikanern und Muslimen aufs Korn. In ihr machen sich Autoren und Produzenten lustig über das multireligiöse Miteinander in einer erfundenen kanadischen Kleinstadt, genannt Mercy (Gnade).[35]

Hat Allah Humor?

Der Koran gibt auf diese Frage keine schlüssige Antwort. Wie in der Bibel finden wir für »lachen« vor allem negative Bezüge:
– »Sie sollten wenig lachen und viel weinen über das, was sie sich erworben haben.« (9,82)
– »Ihr aber habt sie mit Spott behandelt, so sehr, dass sie euch Meine Ermahnung vergessen ließen, während ihr sie auslachtet.« (23,110)
– »Doch als er mit Unseren Zeichen zu ihnen kam, siehe, da lachten sie über sie.« (43,47)[36]
– »Und (es steht geschrieben,) dass es bei deinem Herrn enden wird, und dass Er es ist, Der zum Lachen und Weinen bringt,« (53,42f.)
– »Und ihr lacht; aber Weinen tut ihr nicht?« (53,60)
– »An jenem Tage werden manche Gesichter strahlend sein, heiter und freudig.« (80,39)
– »Jene Frevler haben sich über die Gläubigen lustig gemacht.« (83,29)
– »Heute aber sind die Gläubigen diejenigen, die sich über die Ungläubigen lustig machen.« (83,34)

Daraus ableiten zu wollen, ob Allah Humor hat, wäre vermessen.
Die Islamwissenschaftlerin Katajun Amipur meint dazu:

»Und man macht sich auch über den lieben Gott lustig, dem man unter anderem vorwirft, dass er entweder nicht barmherzig ist, denn sonst hätte er die Welt nicht so geschaffen, wie sie ist. Oder dass er nicht allmächtig

ist, denn sonst hätte er die Welt auch nicht so geschaffen, wie sie ist. Da gibt's ganz viele Witze drüber.«[37]

Hatte Mohammed Humor?

Dr. Mohammed Omar Farooq, ein aus Bangladesh stammender, in den USA lebender und lehrender Professor, entdeckte den Humor in der Sunna und schrieb auf einer seiner privaten Sites: »Welcome to (probably) the first-ever Hadith Humor Page«[38] Vor den Text setzt er die Warnung: »Wenn Sie allergisch sind auf Texte, die Sie zum Lächeln oder Lachen bringen können, dann sollten Sie nicht weiter lesen!« Farooq listet 33 Hadith auf, die zeigen sollen, dass der Prophet Mohammed Humor hatte. »Der Prophet hatte gewöhnlich eine sehr freundliche, einladende Gemütsstimmung. Er lächelte und lachte, wenn die Situation es ›natürlich‹ zuließ.« Farooq zeigt in den Hadith, dass der »Prophet von Allah lachte, bis seine Zähne entblößt waren.«[39] Farooq versucht zu beweisen, dass Allah selber Humor hat. Es gibt auch weitere Quellen, die Hadith angeben, in denen über Mohammeds Humor berichtet wird:

»Der Prophet (Allahs Preisen und Frieden auf ihm) umfasste mit seiner rechten Handfläche leicht seinen linken Daumen während er sprach. Er drehte sein Gesicht weg, wenn er verärgert war; jedoch senkte er seinen Blick, wenn er zufrieden und glücklich war. Hauptsächlich bestand sein Lachen nur aus einem Lächeln. Wann immer er seinen Mund durch das Lachen öffnete, leuchteten seine Zähne wie Perlen. Der Überlieferer sagte: ›Für einige Zeit hielt ich diese Information geheim vor al-Husain. Dann später erzählte ich ihm darüber.‹«[40]

Von Al-Buchari wird überliefert:

»Er sprach nie laut, grob, schroff oder verletzend. Auf dem Marktplatz ging er leise und immer lächelnd. Aischa berichtete, dass sie den Propheten (Friede und Heil auf ihm) niemals so sah, dass das Gaumenzäpfchen zu sehen war, sondern er lächelte immer.«

Es gibt viele Anekdoten, von denen nicht klar ist, ob es Hadith sind oder Volksweisheiten, wie die folgende: Ein Mann hatte sein Kamel nicht angebunden, weil er auf Allah vertraute. Er wurde belehrt, dass er zuerst das Kamel anbinden und dann auf Allah vertrauen soll.[41] Ob diese Hadithe strengen islamwissenschaftlichen Kriterien stand halt können, lassen wir offen. Wichtig ist, dass Muslime glauben, dass ihr Prophet Mohammed Humor hatte. Das bedeutet für sie, dass Humor nichts Schlechtes ist.

Humor in der Moschee

Für Nichtmuslime ist die Funktion einer Moschee nicht so einfach zu verstehen. Es ist eben nicht ein »Gottes-Haus«, sondern ein »Ort, wo man sich niederwirft«. In der Moschee verrichten Muslime – vor allem die Männer – ihre täglichen Ritual-Gebete (Namaz). Grundsätzlich kann ein Muslim überall beten. Nach einer Überlieferung heißt es nämlich: »Die ganze Erde ist für ihn eine Moschee.« Deshalb ist grundsätzlich in der Moschee kein Raum für Humor, da Namaz nach genauen Regeln, die kaum Spielraum lassen, verrichtet wird.

Es gibt aber eine Ausnahme. Beim Freitagmittaggebet hält der Hodscha (Imam, Vorbeter) eine Ansprache oder Predigt. Der Inhalt ist durchaus mit einer christlichen Predigt vergleichbar, nur mit dem Unterschied, dass eben die Basis der Koran und nicht die Bibel ist.

In dieser Predigt gibt es auch Raum für Humor. Humor natürlich nicht im Sinne von Witze erzählen, sondern eine feinere Art. So werden Hadithe von Mohammed erzählt, die auch ein Schmunzeln auslösen können.

Hodscha Nasreddin

Hodscha Nasreddin (türkisch: Nasrettin Hoca) ist zugleich eine Weisen-, Narren-, Meister- und Bettlerfigur im arabischen Raum. Er kommt in vielen Schwänken vor, die sowohl oberflächlich einfach als Witz wahrgenommen werden können, aber auch eine versteckte Aussage enthalten. Aus letzterem Grund sind die Geschichten von Nasreddin gerade in der Tradition des Sufismus, der islamischen Mystik, tief verankert, wo sie als Lehrgeschichten verwendet werden.

Nach heutigen Erkenntnissen kann als gesichert angenommen werden, dass er vor 1208 in Horto bei Sivrihisar geboren wurde, 1237 nach Ak-schehir übersiedelte und dort als Imam (türkisch: Hoca), also Vorbeter in einer Moschee, wirkte. Er starb 1284 oder 1285. Allerdings gibt es von seinem Leben und Wirken keine zuverlässigen, beglaubigten Nachrichten.[42] Wieviele der Geschichten, die Hodscha Nasreddin zugeschrieben werden, tatsächlich von ihm sind, ist eine andere Frage. Hodscha Nasreddin wird auch als »orientalischer Eulenspiegel« bezeichnet. Die folgende Anekdote beleuchtet dies:

»Einmal ging der Hodja mit einer Karawane auf eine lange Reise. Er fürchtete sich, dass er verloren gehen würde unter so vielen Leuten. So entschied er, sich eine Möhre an seinen Gürtel zu stecken. Auf diese Art würden sie ihn alle erkennen. Jedoch in einer Nacht, als sie alle unter einem großen Zelt schliefen, nahm ein Witzbold die Möhre und steckte sie sich an seinen eigenen Gürtel. Als nun der Hodja erwachte, sah er seine Möhre an jemand anderes Gürtel. Er war sehr verdutzt und sagte: ›Das da drüben bin ich, aber wer ist das hier?‹«[43]

Die meisten Anekdoten und »Witze« über Hodscha Nasreddin haben jedoch einen tieferen Sinn. Manche Muslime nehmen an, dass einige der Geschichten ursprünglich Hadithe gewesen seien, die in einer volkstümlichen Weise erzählt werden. Die Mehrheit der Anekdoten gibt es in verschiedensten Versionen. Die folgenden Beispiele zeigen die Kombination von Weisheit und Humor.

Nasredin Hodscha und der Kirschbaum:
*»Eines Tages saß Nasredin Hodscha unter einem Kirschbaum und döste. Gegenüber befand sich ein Feld mit Wassermelonen. Vertieft in die Betrachtung der Melonen, begann Nasredin sich zu wundern. Er sagte zu sich: ›Seltsam ist, dass solch große Früchte wie die Wassermelonen an solch zarten Sträuchern wachsen, und solch kleine Früchte wie die Kirschen über mir an einem so großen Baum. Das kann nicht mit rechten Dingen zugehen. Ist dem Schöpfer nicht etwa doch ein Fehler unterlaufen?‹
In diesem Moment fiel eine Kirsche vom Baum direkt auf Nasredins Kopf, so dass er rief: ›Gepriesen sei Gott, der Allmächtige, der Allweise.‹«*

Kamele ohne Flügel:

»Einmal, als der Hodja eine seiner mitreißendsten Predigten hielt, erhob er seine Hände zum Himmel, schaute auf und sagte: ›Preiset Gott, oh ihr Moslems, denn in seiner unaussprechlichen Weisheit hat er Kamele ohne Flügel geschaffen. Denn wenn sie Flügel hätten, dann würden die Hausdächer über unseren Köpfen zusammenbrechen.‹«

Wieviele Tage hat der Fastenmonat Ramadan?

»Im Fastenmonat Ramadan entschied sich der Hodja, die Tage zu zählen, indem er für jeden Tag einen Stein in einen Topf legte. Seine Tochter sah jedoch, wie ihr Vater Steine in diesen Topf legte und entschloss sich, ihm dabei zu helfen. Da legte sie noch mehr Steine dazu. Einige Reisende gingen am Haus des Hodjas vorbei und fragten ihn, welcher Fastentag es wäre. ›Wartet nur einen Moment und ich werde es gleich sagen.‹ Er rannte zum Topf, leerte ihn und zählte die Steine. Zu seiner Überraschung waren es einhundertfünfundzwanzig Steine. Er dachte, dass die Reisenden ihm nicht glauben würden, wenn er ihnen die Wahrheit sagen würde. So sagte er: ›Es ist der fünfundvierzigste Tag. ›Wie kann das sein?‹ antworteten sie zurück. ›Es gibt nur dreißig Tage im Fastenmonat.‹ ›Wenn man den Topf fragt, ist es heute sogar der hundertfünfundzwanzigste Tag.‹«[44]

Den folgenden Witz finden wir auch im christlichen Bereich, es handelt sich also um einen Wanderwitz.

Drei christliche Mönche stellten Hodscha Nasreddin je eine Frage, um sich mit ihm zu messen:

»[...] Der erste Mönch fragte: ›Mein Herr, wo ist der Mittelpunkt der Erde?‹ ›Gerade in diesem Moment befindet sich dieser Punkt unter dem rechten Fuß meines Esels,‹ versicherte ihnen der Hodja. ›Wie kannst du das beweisen?‹ fragte der Mönch. ›Wenn du mir nicht glaubst, dann miss die Erde, und du wirst es sehen‹, antwortete der Hodja.

Der erste Mönch zog sich zurück und der zweite Mönch trat vor und fragte: ›Wieviele Sterne gibt es am Himmel?‹ ›So viele, wie mein Esel Haare hat.‹ ›Wie kannst du das bewiesen?‹ fragte der Mönch. ›Wenn du mir nicht glaubst, dann zähle sie doch.‹ Der Mönch protestierte: ›Wie kann man alle Haare eines Esels zählen?‹ ›Genauso leicht wie man alle Sterne am Himmel zählen kann‹, erwiderte der Hodja weise.

Der zweite trat mit größtem Erstaunen zurück und der dritte Mönch trat nun vor: ›Wieviele Haare befinden sich in meinem Bart?‹ fragte er. ›So viele, wie mein Esel Haare im Schwanz hat‹, erwiderte der Hodja. ›Wie kannst du das beweisen?‹ ›Das ist sehr einfach‹, antwortete der Hodja zuversichtlich. ›Wir können die Haare aus deinem Bart und die Haare aus meines Esels Schwanz eines nach dem anderen herausziehen. Auf diese Art können wir sie sehr einfach zählen.‹ Dem dritten Mönch gefiel diese Idee nicht gut und er zog sich auch sehr betroffen zurück. Alle drei Mönche stimmten überein, dass sie geschlagen waren und bekehrten sich zum islamischen Glauben.«[45]

Manche dieser Anekdoten werden auch von Sufi-Meistern für ihre Belehrungen verwendet, so zum Beispiel die vom Kirschbaum.

Humor der Sufis

Sufismus bezeichnet den mystischen Weg des Islam. Die Anhänger des Sufismus sehen ihre Lehre nicht als ein spirituelles Produkt der islamischen Religion. Der Sufismus offenbart lediglich die innere Wahrheit des Islam. Die Lehre des Sufismus zieht sich durch die gesamte Menschheitsgeschichte. Aus der Sicht der Sufis ist und war diese zu jeder Zeit und in jeder Kultur in verschiedenen Aspekten allgegenwärtig. So gibt es sowohl streng religiöse sunnitische oder schiitische Muslime, als auch universalistische Sufis, für die der Islam nur eine unter vielen Religionen ist. Allerdings zählt sich die Mehrheit der Sufis zum Islam.[46]

Viele Sufis benutzen den Humor, um den Menschen einen Spiegel vorzuhalten. Scheich Nazim (Muhammad Nâzim Adil al-Haqqânî an-Naqshiband)[47] ist nur einer unter vielen, aber im deutschsprachigen Raum recht bekannt. Ich habe einige der mehrstündigen Unterweisung von Scheich Nazim miterlebt und so auch von seinem speziellen Humor erfahren, mit dem er viel relativiert. So zum Beispiel die für uns westliche Menschen unverständliche Sitte, einem anderen Menschen die Hand zu küssen:

»Ich habe mich geweigert, mir von den Leuten die Hand küssen zu lassen. Bis mein Meister sagte: ›Sie küssen nicht dir die Hand, sondern mir.‹ Jetzt lasse ich's zu. – Nur wenn einer zu stolz ist, zieh ich sie weg. Und küsse dafür seine Hand.«[48]

Es gibt viele Anekdoten aus der Sufitradition. Hier sollen zwei Geschichten den Humor der Sufis illustrieren.

Der Schafhirte lernt beten:
»*Ein weiser Mann wanderte über Land und hing geistigen Gedanken nach. Da sah er einen Schafhirten, der betete:* ›*Gott, wenn du Schafe hättest, würde ich sie für dich hüten, ganz gratis.*‹ *Der Weise war schockiert und zeigte dem Schafhirten, wie ein Muslim zu beten hat. Nach mehreren Stunden intensiver Unterweisung ging er befriedigt heim im Bewusstsein, dass er einen Menschen auf den richtigen Weg gebracht hat. Im Schlaf hörte er eine Stimme:* ›*Warum hast du mir meinen treuesten Diener abtrünnig gemacht? Er hat aus tiefstem Herzen so gebetet, wie er es verstand.*‹ *Der weise Mann kleidete sich an und ging nochmals zum Schafhirten und sagte ihm:* ›*Vergiss alles, was ich dich gestern gelehrt habe und bete so, wie du es verstehst.*‹«[49]

Gottes graue lange Ohren:
»*Ein Meister saß mit seinen Schülern zusammen, als ein junger Derwisch mit einem Strahlen in ihrer erhabenen Runde erschien. Der Meister wandte sich zu ihm und sprach:* ›*Mein junger Freund, was ist mit dir?*‹ *Der junge Mann blickte sich um und entgegnete ihm:* ›*Verzeihe mir, Meister, man soll doch, wie du immer sagst, die Geheimnisse, die man erfährt, vor anderen verbergen! Du hast uns doch gelehrt, über unsere inneren Erfahrungen mit niemandem zu sprechen!*‹ ›*Hiermit erlaube ich dir, über deine Erfahrung zu sprechen*‹, *sagte der Meister. Der Derwisch erzählte diese ganz unglaubliche Geschichte:* ›*Ich habe die Stimme Gottes gehört! Es war ein ungeheurer Ton!*‹ *Die ganze Runde war perplex. Das hatte noch niemand gehört. Der Meister aber lächelte nur und sagte:* ›*Nun gut. Sollte Gott noch einmal zu dir sprechen, dann bringe uns einen Beweis! Wenn Gott sich wieder nähern sollte, dann ergreif' ihn am Ohr, nimm ein Messer und schneide es ihm ab!*‹ *Am Abend legte er sich im Stall nebenan schlafen. Als er schlief, kam dieser erschreckende Ton! Wie in Trance ergriff er das Messer und schnitt. Er hielt den Gottesbeweis in der Hand! Am Morgen hatte sich der Kreis der Derwische früher als sonst versammelt. Mit was in der Hand würde der Derwisch erscheinen? Doch der junge Derwisch ließ die Runde stundenlang warten. Als er schließlich kam, hielt er die linke Hand in seiner Hosentasche.* ›*Setz Dich nur hin und rede zu uns*‹, *sprach der Meister ihn an.* ›*Wir sind auf den Beweis gespannt. Zeige diesem Kreis dein Eselsohr! Nur wer wie du ein Esel ist, wird einen Eselsschrei für eine Rede Gottes halten!*‹ *Genau so, wie der Meister es sagte, war es*

tatsächlich gewesen. Die ›Stimme Gottes‹ war das Stöhnen eines störrischen Esels gewesen.«

Die Geschichte von dem Inder, der sich mit seinem Freund über eine bestimmte Handlung stritt und nicht merkte, dass auch er daran beteiligt war: »*Vier Inder gingen in eine Moschee; sie beugten ihre Häupter und warfen sich zum Gotteslob nieder. Jeder verrichtete den takbîr* nach dem nîyyat** und begann unterwürfig und demütig zu beten. Der Muezzin kam, und einem von ihnen entschlüpfte die Bemerkung: ›O Muezzin, hast du zum Gebet gerufen? Ist es Zeit?‹ Der zweite Inder fühlte sich gezwungen, zu sagen: ›He, du hast geredet, und dein Gebet ist ungültig.‹ Der Dritte sagte zum Zweiten: ›O Onkel, warum tadelst du ihn? Sag es zu dir selbst.‹ Der Vierte sagte: ›Gott sei gelobt, dass ich nicht in die Grube gefallen bin, wie diese drei.‹ Also waren die Gebete aller Vier verdorben; und die Fehlersucher waren noch mehr abgewichen als der Erste. Oh, glücklich ist die Seele, die ihren eigenen Fehler sieht, und die, wenn jemand einen Fehler benennt, diesen auf sich nimmt! Denn eine Hälfte jedes Menschen gehört zum Reich der Fehler, und seine andere Hälfte zum Reich des Unsichtbaren. Weil du zehn Wunden auf deinem Kopf hast, musst du dir selbst einen Verband anlegen. Den Fehler bei sich selbst suchen ist das Heilmittel; erst wenn das Herz gebrochen ist, ist die Gelegenheit für ›Habe Mitleid.‹ Wenn du keinen solchen Fehler hast, sei dir nicht sicher; vielleicht tritt dieser Fehler später bei dir auf. Du hast Gott nicht sagen gehört: Fürchtet euch nicht; warum hältst du dich dann für sicher und glücklich? Jahrelang lebte Iblîs*** in gutem Ruf; er wurde entehrt; merke dir seinen Namen. Seine Vorzüglichkeit war in der Welt berühmt; sein Ruhm wendete sich, wehe ihm! Strebe nicht nach Ruhm, bis du sicher bist; wasche dir die Angst vom Gesicht und zeige es erst dann! Solange dein Bart nicht wächst, mein guter Mann, spotte nicht über einen Anderen, der ein glattes Kinn hat. ›Denke daran, dass Iblîs Seele geprüft wurde, bis er stürzte und zur Warnung für dich wurde.‹ Du bist nicht gefallen, um eine Warnung für ihn zu werden. Er hat das Gift getrunken; iss du seinen Zucker!‹«*[50]

(* takbîr = Die Worte »allahu akbar«, Allah ist am größten
** nîyyat = Absicht, Entschluss (hier: das Gebet zu verrichten)
*** Iblîs = Name des Teufels, der sich weigerte, Gott gehorsam zu sein und sich vor Adam zu verneigen (Koran 7, 13).)

Im »Kreis der Lügner«[51] finden sich weitere Sufigeschichten.

Muslime erzählen Witze

Nicht nur Sufis kennen Witze, sondern auch »gewöhnliche« Muslime. Oft ist es schwierig zu erkennen, ob Muslime oder Nichtmuslime Witze über den Islam machen. Die folgenden Witze fand ich auf einer Homepage für die islamische Jugend und kann deshalb annehmen, dass Muslime auch die Urheber sind. Auf dieser Seite gibt es eine Unterseite »Islamic Jokes and Humor Comedy«![52] Hier eine kleine Auswahl:

Hadithe statt Witze erzählen!
Von einem Autor aus dem 9. Jahrhundert wird folgende Geschichte erzählt: »*Jemand sagte zu Ashab:* ›*Wenn du Hadith erzählen würdest statt Witze, dann würdest du etwas Nobles tun.*‹ *Ashab antwortete:* ›*Ich hörte Hadith und erzählte sie.*‹ *Der Mann sagte:* ›*Dann berichte sie.*‹ ›*Ich hörte von Nafai*‹, *sagte Ashab,* ›*einer großen Autorität, dass der Prophet, Allah segne ihn, sagte: Es gibt zwei Eigenschaften, wer diese hat, ist von Gott auserkoren.*‹ ›*Das ist ein guter Hadith*‹, *sagte der Mann.* ›*Was sind diese zwei Eigenschaften?*‹ ›*Nafai vergass die eine und ich vergass die andere*‹, *antwortete Ashab.*«[53]

Ruhe bei der Predigt:
»*Der Imam einer Mescid, Vater von zwei Kindern, war auf dem Weg, um die Khutbah, die Ansprache beim Freitagsgebet (Dschumah) zu halten. Bevor er die Mescid betrat, schärfte er seinen Kindern ein, ruhig zu sein, besonders während seiner Ansprache. Er fragte seine Kinder:* ›*Warum ist es wichtig, während Dschumah ruhig zu sein?*‹ *Der kleine Ahmed meinte:* ›*Weil alle Leute schlafen!*‹«

Geld für die Moschee:
»*Bei der Ansprache beim Freitagsgebet (Dschumah) sagte der Imam:* ›*Ich habe eine gute und eine schlechte Nachricht. Die gute ist, dass wir genügend Geld haben für die Renovierung der Moschee. Die schlechte ist, dass das Geld noch in euren Taschen ist.*‹«

Ein ganz besonderes Pferd:
»*Ein Imam wollte sein Pferd auf dem Markt verkaufen. Ein Interessent kam zu ihm und fragte, ob er einen Testritt machen könne. Der Imam klärte den Mann darüber auf, dass es sich um ein ganz spezielles Pferd handle. Um es zum Laufen zu bringen, müsse er sagen* ›*Subhanallah*‹*,*

zum Galoppieren ›Alhamdulillah‹* und zum Stoppen ›Allahu Akbar‹*.
Der Mann setzte sich auf das Pferd und sagte ›Subhanallah‹, das Pferd
begann zu gehen. Dann sagte er ›Alhamdulillah‹ und das Pferd galoppierte immer schneller und schneller. Da merkte der Mann, dass sie sich
der Absturzkante des Hügels näherten.
Der Mann wusste nicht mehr, wie er das Pferd zum Stehen bringen konnte und versuchte alle Befehle und Worte, die ihm einfielen. Direkt vor der
Kante erinnerte er sich an ›Allahu Akbar‹ und sagte dies, was das Pferd
sofort zum Anhalten brachte. Der Mann atmete tief durch und sagte aus
voller Überzeugung ›Alhamdulillah‹!«

(*Subhanallah = Lob sei Allah!; Alhamdulillah = Preis sei Allah!; Allahu Akbar = Allah
ist der Größte!,)

Karikaturen als »Waffe«

Islamische Karikaturisten bleiben den Nichtmuslimen nichts schuldig,
wenn es darum geht, Karikaturen als »Waffe« zu verwenden. Der größte
Teil richtet sich gegen »die« Juden/Israel und die USA. Besonders seit den
Mohammed-Karikaturen wird dies thematisiert.
Um dem Gedanken, der dahinter steckt, nicht noch Vorschub zu leisten,
verzichten wir auf die bildliche Widergabe solcher Karikaturen und be-
schränken uns auf die Beschreibung einzelner Bilder.
Grundsätzlich stimmen die meisten Karikaturisten darin überein, dass
Juden stereotyp gezeichnet werden: hässliches Gesicht, Hakennase, Bart,
Hut. Die dargestellten Muslime haben eigentlich immer feine Gesich-
ter. Als Attribute verwenden die Zeichnerinnen und Zeichner meist den
Davidsstern, oft auch einen Leuchter (Menora), ein Buch (Talmud), ein
Talit (das jüdische Gebetsgewand) manchmal sogar ein Hakenkreuz (!),
das darauf hinweisen soll, dass die Juden mit den Nazi gleichgesetzt werden.
Fast täglich erscheinen in arabischen Zeitungen Karikaturen, die Juden
auf das Schlimmste beschuldigen und lächerlich machen. Israel und das
Judentum sind neben den USA wohl das größte Hassobjekt in der arabischen Welt – und dies spiegelt sich ohne Kaschieren in den Medien
wider, die teilweise staatlich gefördert werden. Die Juden werden in
den Blättern regelmäßig für die größten Katastrophen der Menschheit
verantwortlich gemacht – von AIDS über Erdbeben bis hin zur Vogel-
grippe.[54]

In einem zweigeteilten Bild ist links ein Jude gezeichnet, der einen beten-
den Muslim zeichnet, rechts betet der Jude vor einer Toilettenschüssel,
über der eine Teufelsfratze und die Menorah mit dem Davidsstern zu
sehen sind. [55] Eine besonders bedenkliche Karikatur erschien gleich in mehreren Medien. Zu sehen ist ein Doppelbett, in dem Hitler und ein Mädchen liegen. Hitler sagt: »Write this one in your diary Anne!« Untertitelt ist es
mit »Freedom of speech campaign: Hitler Goes Dutroux«. Diese und
noch einige andere etwa gleich bedenkliche Karikaturen wurden von der
»Arab-European League«[56] in Umlauf gebracht.
Die Palästinenserin Omayya Joha (geboren 1972) karikiert böse vor allem die oben beschriebenen Themen. Das wird schon bei der Navigation
auf ihrer Homepage www.omayya.com sichtbar: Intefada, Palestine, Pri-
soners, Refugees. Obwohl sie die farbigen Bilder sehr ästhetisch zeichnet,
lassen sie an Deutlichkeit nichts zu wünschen übrig.
Von den antisemitischen geht es nahtlos über in die antichristlichen
Karikaturen. Beispielsweise in der Zeitung »Al-Hayat Al-Jadida« vom
22.3.2000 – also noch lange vor den Mohammed-Karikaturen! – erschien eine bezeichnende Karikatur. Sie zeigt den Papst, der sagt »Friede
auf Erden!«. Sein Gegenüber ist der »Satan-Jude«, welcher antwortet:
»Kolonien auf der Erde!«.
Die iranische Zeitung »Hamshari« hat ein Preisausschreiben für die
zwölf »besten« Karikaturen über den Holocaust lanciert. Obwohl es
darum recht still wurde, finden wir unter IranCartoon.doc zahlreiche
Karikaturen, die die Holocaust-Leugnung zum Inhalt haben.

Karikaturen und Witze über den Islam

Leider sind gute Witze und Karikaturen über den Islam sehr selten. Die
Mehrheit bewegt sich im engen Feld der Vorurteile. Dies wurde schon
bei den Mohammed-Karikaturen sichtbar. Glücklicherweise gibt es auch
Ausnahmen.

Ein Großteil der Karikaturisten reduziert den Islam auf den Terrorismus
und beachtet dabei nicht, dass die absolute Mehrheit der Muslime, wie
die absolute Mehrheit der Nichtmuslime, nur einfach in Frieden leben
möchte.[57]

Karikaturen über muslimische Frauen

Ein wichtiger Bereich für die Vorurteile sind die Frauen. Als Stichworte
seien die Frauenrechte und das Kopftuch oder der Tschador genannt.
Als Anfang der 1980er-Jahre immer mehr Frauen mit Kopftüchern zu
sehen waren, kamen Brigitte Fries und Kiz Sutter in einem ganzseitigen
Cartoon zu einer Lösung:
Zu sehen sind die »Knüslis«, eine typische Schweizer Familie, die im
Auto sitzen. Zwei Kopftuchträgerinnen überqueren die Straße. Da sagt
der Mann: »Das sollte man bei uns auch einführen ... Das ist doch sehr
praktisch, eine Religion, bei der man den Frisör sparen kann!«[58]
Auch die Polygamie, die laut dem Koran erlaubt ist, beschäftigt viele
westliche Männer:

»›Bei uns im Osten hat jeder Mann mindestens vier Frauen‹, erzählt ein
Muslim einem Touristen.
›Gibt es dann wirklich keine Männer, die weniger Frauen haben?‹
›Natürlich. Mein Bruder zum Beispiel. Er hat nur eine, aber das ist des-
halb, weil er noch Junggeselle ist.‹«

Ob die Polygamie wirklich so erstrebenswert ist? Naja, da kann man
verschiedener Meinung sein:

»Ihr ausländischen Journalisten seht immer alles nur von der positiven Seite. Stellen sie sich einmal vor, sie hätten 162 Schwiegermütter ...«[59]

Kritisch sieht es – allerdings aus aktuellem Anlass! – Roger Schmidt:

»Aber bitte mit Schleier!
Die letzten Bollwerke der Emanzipation sind eingenommen und selbst engagierte Frauenrechtlerinnen können es nicht mehr verleugnen: Der Schleier erobert die westliche Welt! Das hat auch jene Familienrichterin erkannt, die die Prügelstrafe durch den Mann aufgrund von Aussagen im Koran legitimierte. Die hat einfach weiter gedacht!!!
Die Männer wussten es ja schon immer: Frauen sind einfach ›schleier-haft‹. Was also spricht dagegen, diese unbestrittene Tatsache durch ein schimmerndes, unschuldiges Stück Stoff – um den Kopf getragen – zu demonstrieren?
Warum sich an die Emanzipation, ein Relikt aus grauen Vorzeiten, klam-mern, wenn doch der Schleier die wahre Freiheit der Frauen mit sich bringt? ...«[60]

Mohammed-Karikaturen zum Zweiten

Von den Mohammed-Karikaturen kommen wir nicht so schnell los. Das heißt, es handelt sich schon um die zweite und dritte Runde. Die zweite Runde wurde von der französischen Satirezeitschrift »Charlie Hebdo« gestartet, was ihr einen Verkaufserfolg mit über 400.000 verkauften Exemplaren eintrug. Der Chefredaktor des »Charlie Hebdo«, Philippe Val, wurde aber auch angeklagt wegen der «öffentlichen Beleidigung einer Personengruppe wegen ihrer Religion». Das Gerichtsverfahren endete Anfang 2007 mit einem Freispruch.

Im Gegensatz zu den Karikaturen in »Jyllands Posten«, die mit Ausnahme von vier der zwölf Karikaturen harmlos waren, legte es »Charlie Hebdo« ganz klar darauf an, zu provozieren und beschränkte sich nicht darauf, Muslime zu beleidigen, sondern ebenso diejenigen, die sich für die Muslime stark gemacht hatten, also zum Beispiel kirchliche Würdenträger. Auch hier verzichten wir auf eine Wiedergabe der Karikaturen, um nicht noch mehr zu provozieren. Eine spezielle Karikatur möchte ich hier beschreiben:

Abgebildet ist eine sehr dicke Frau im schwarzen Tschador. Dick ist sie deshalb, weil ihr Hinterteil aus zwei, die rechte Brust aus einer Bombe besteht, was an den Zündschnüren erkennbar ist. Auch auf dem Kopf ist eine Zündschnur. Als Kommentar steht dabei:

»Man kann nicht Mohammed zeichnen, aber seine Mutter kann man.«

Nahtlos ging der »Kampf der Kulturen« über in die dritte Runde. »Sollen die Medien im Westen weiterhin Islam-Karikaturen zeigen?« fragt stellvertretend für Hunderte von Zeitungen Christine Richard in der Basler Zeitung vom 11.2.2006. Reta Caspar stellt im »Freidenker« fest: »Karikatur ist Redefreiheit«.[61]
Der Karikaturist Frank Speth kommentiert:

»Die häufigste Todesursache der Karikaturisten? Mohammed-Karikaturen zeichnen. Und leider ist es nur ein halber Witz. Die Zeichner der Mohammed-Karikaturen haben Todesdrohungen bekommen und wie ernst dies einzuschätzen ist, sieht man am Tod des holländischen Islamkritikers van Gogh. Und als ich diesen harmlosen Witz hier zeichnete, hatte ich auch schon Befürchtungen: Wird das, was mein Selbstmordkarikaturist dort an die Wand zeichnet, womöglich schon als Mohammedbildnis an-

gesehen (ich habe diesen Teil also so einfach wie möglich skizziert). Was für ein Klima das schon ist, in dem man solche Befürchtungen haben muss. Woran erinnert diese Art der Unfreiheit?!
Und welchen Grund gibt es dafür, dass die Zeitungen in England sich nicht mit den Dänen solidarisieren und auch nicht die harmloseste der Mohammed-Karikaturen abdrucken. Was würde in London passieren, wenn es da zum Aufstand kommt? Dann lieber die Pressefreiheit etwas einschränken.
Zwanzig Jahre weiter hat sich der muslimische Bevölkerungsanteil in England um ein Vielfaches mehr vermehrt als der Englische – dann wird überhaupt nicht mehr gemuckt.«[62]

Dass er seine Karikatur nicht einfach als »lustig« versteht, sehen wir bei der nächsten, die er zu diesem Thema veröffentlichte.[63] Wir sehen eine Auktion. Sowohl der Auktionator als auch die Bietenden sind als Muslime am Turban respektive Tschador zu erkennen. Der Auktionator sagt dazu mit erhobenem Hammer:

»Neun Millionen Dollar für die Ermordung der dänischen Karikaturisten. Zum Ersten, zum Zweiten ... elf Millionen!«

Im Kommentar dazu schreibt Speth:

»Leider ist diese Karikatur keine Übertreibung. Tatsächlich hat ein indischer Politiker, der Minister für das Gemeinwohl von Minderheiten, ein Kopfgeld von elf Millionen US-Dollar (9,6 Mio Euro) auf die dänischen Karikaturisten ausgesetzt, auszuzahlen an denjenigen, der die Zeichner umbringt, egal welcher Nationalität der Auftragskiller sei.«

Und hier noch ein letzter Hinweis auf eine Karikatur von Roger Schmidt. Als »Kamikaze Karikaturist« saust ein auf oder in einem Bleistift Sitzender gegen die Erde. Dazu der Kommentar:

»Jetzt ruft ein iranisches Massenblatt zu Karikaturen über den Holocaust auf. Sicherlich keine freie Entscheidung der Redakteure ... Was dabei herauskommen soll, kann man sich bei dem iranischen Präsidenten Mahmud Ahmadinedschad denken. Revanche für die dänischen Mohammed-Karikaturen? Trotzdem: Bleistifte sind mir allemal lieber als Schwerter.«[64]

Als Abschluss dieses spannenden Themas möchte ich nochmals Roger Schmidt zitieren:

»Revanche für die dänischen Mohammed-Karikaturen? Trotzdem: Bleistifte sind mir allemal lieber als Schwerter.«[65]

Dieser Meinung möchte ich mich anschließen und hänge noch quasi als Postscript den Ratschlag von Jesus an, wie es sich die Karikaturistin Christiane Pfohlmann in ihrer Karikatur vorstellt: Jesus sitzt am Telefon und gibt Mohammed telefonisch (»kein Bildtelefon«) den Rat: »Reg dich nicht auf, sondern sammel und sortier das Zeug!« Hinter ihm ist ein Regal mit Jesus-Karikaturen, die nach Kriterien wie »ganz witzig«, »dümmlich«, »billig« und »echte Brüller« geordnet sind.[66]

Grenzen des Humors

Ich hoffe, gezeigt zu haben, dass Muslime nicht humorlos sind oder sicher nicht humorloser als Nichtmuslime. Aber auch für sehr tolerante, humorvolle Muslime gibt es Grenzen des Humors. Obwohl ich mich wiederhole, möchte ich nochmals betonen, dass dort der Humor aufhört, wo ein einzelner Gläubiger lächerlich gemacht wird oder wo es um rassistische Herabwürdigung geht. Ich weiß, dass die Grenzen fließend sind. Das mussten die Gerichte in Deutschland, Frankreich und in der Schweiz in Prozessen schon mehrmals feststellen.

Hartmut Haas, Initiant und Leiter des »Hauses der Religionen« in Bern kommentiert:

»Über Meinungsfreiheit und Religionsfrieden steht für mich Respekt – insbesondere der Respekt vor der Würde des Menschen. Eine Meinungsfreiheit, die nur sich selbst feiert, keine Verantwortung übernehmen will und damit nicht bereit ist, den Sturm zu ernten, den ihr gedankenloses Rülpsen auslöst, hat für nichts und niemanden einen Wert.«[67]

Für die Mehrheit der Muslime bestehen Tabus, Mohammed darzustellen. Speziell gilt dies, wenn er lächerlich gemacht oder bösartig dargestellt wird. Das gleiche gilt für den Koran, dessen Inhalt als heilig gilt. Auch das gedruckte Buch wird mit größtem Respekt behandelt. Deshalb werden Muslime stark verletzt, wenn ein Koran, wie zum Beispiel in Guantanamo, zerstört wird. Das lässt sich auch auf den Humor übertragen. Das Tabu gilt auch für das rituelle Gebet, das von allen Muslimen, auch den säkularen, mit Respekt betrachtet wird.

Zusammenfassung

Auch Muslime haben Humor – nicht mehr, aber auch nicht unbedingt weniger als Nichtmuslime! Es ist genauso schwierig, aus der Bibel oder dem Koran Humor ableiten zu wollen. Hingegen gibt es einige Hadith, die zeigen, dass auch Mohammed gelacht hat.

Die lautstarken und zum Teil sogar gewalttätigen Reaktionen auf die Mohammed-Karikaturen lassen den Schluss zu, dass Muslime humorlos sind. Dies stimmt aber nicht. Sofern die Tabus beachtet werden, sind auch Muslime durchaus humorvoll.

Dass die islamischen Karikaturisten im Zusammenhang mit den Mohammed-Karikaturen den westlichen nichts schuldig blieben, habe ich schon dargelegt. Es gibt auch Karikaturen über islamische Themen – allerdings niemals über Mohammed! – aus islamischen Ländern, die durchaus bissig sein können.

Aleviten

Einführung

Die Aleviten (türkisch: Alevi, kurdisch: Elewi, arabisch: Alawi) sind eine Religionsgemeinschaft. Sie stellen in der Türkei mit 35 Prozent der Bevölkerung die zweitgrößte Religionsgruppe. Nach ihrem großen Lehrer Haci Bektasch nennen sie sich oft auch Bektaschi. Aleviten bekennen sich zur Demokratie und vertreten eine undogmatische Frömmigkeit. Ob die Aleviten zum Islam zu zählen sind, wird kontrovers behandelt. Lassen wir dies offen.[68] Wir stellen sie hier aus praktischen Erwägungen als Unterkapitel des Kapitels »Islam« dar.

Gesang und Humor als »Waffen«

Tatsache ist, dass es Aleviten in der Türkei nicht immer einfach haben. Sie entwickelten deshalb zwei »Waffen«: Den Gesang und den Humor. Da es ihnen immer wieder verboten wurde, ihre religiöse Kultur zu lehren, kleideten sie vieles in Lieder und lehrten singend. Das oft schwierige Zusammenleben mit der Mehrheit der Sunniten fand seinen Widerhall in den Witzen. Wir geben hier zwei Beispiele aus dem Buch von Ali Duran Gülçiçek und Rüdiger Benninghaus: »99 Bektaschi Witze«.[69]

Der Engel des Hodscha:
»Als ein Hodscha beim Gebet den Gruß ›Selâmünaleyküm‹ (Frieden über Euch) nach rechts und links sprach, wendete sich ihm ein Bektaschi zu, der sich angesprochen fühlte und antwortete ihm: ›Ve aleykümüsselâm!‹*
Der Hodscha: ›Mensch, wer bist du denn, dass du das Gebet störst?‹
Daraufhin der Bektaschi: ›Du hast gegrüßt und ich habe darauf geantwortet.‹
›Ich habe doch nicht dir, sondern den Engeln den Gruß entboten.‹
Als der Bektaschi erwiderte, dass auch er einer der Engel wäre, wurde der Hodscha böse: ›Verschwinde, du Ketzer! Was bist du denn für ein Engel?‹
Der Bektaschi, ganz ruhig: ›Warum regst du dich auf, mein Lieber. Ein Hodscha wie du hat einen Engel wie mich.‹«
(* Gegen Ende des muslimischen Gebetes (türkisch: namaz) wendet man den Kopf einmal nach rechts, einmal nach links, wobei man die Grußformel ›Selâmünaleyküm‹, die bei Begegnungen im Alltag mit ›Aleykümüsselâm‹ beantwortet wird, spricht. Beim Gebet grüßt man damit die Engel, die man anwesend wähnt. [70])

Eine Flasche Wein:
»Ein Bektaschi und ein Hodscha hatten die Hände erhoben und beteten zu Gott. Der Hodscha: ›Oh Gott, lass mir Glauben zuteil werden!‹
Der Bektaschi: ›Oh Gott, gewähre mir eine Flasche Wein*!‹
Der Hodscha bekam die Wut: ›Du Gottloser, bitte Gott um Glauben, aber nicht um so ein Teufelszeug!‹
Der Bektaschi ließ sich nicht aus der Ruhe bringen: ›Ach Hodscha, warum regst du dich auf? Du hast keinen Glauben und erbittest ihn von Gott. Ich habe Religion und Glauben, aber keinen Wein und möchte welchen haben. Geziemt es ihm, mir nicht zu geben?‹«
(* Während bei den Sunniten Alkohol generell verboten ist, darf man ihn bei den Aleviten trinken, aber in Maßen und nicht, um sich selbst oder andere zu stören.[71])

Zusammenfassung

Es gibt gewisse Parallelen zwischen Aleviten und Juden: Beide Gruppen sind Minderheiten, haben mit Vorurteilen zu kämpfen und reagieren darauf mit einem starken Überlebenswillen und mit Humor. In den Aleviten-Witzen wird die Auseinandersetzung mit der Mehrheit der Sunniten thematisiert.

Anmerkungen

[1] www.presserat.ch/22230.htm

[2] Stern, 8.12.2005.

[3] www.islam.de/1641.php#sonst/bilderverbot.html

[4] Almir Ibric: Islamisches Bilderverbot. Vom Mittel- bis ins Digitalzeitalter. Religionswissenschaft Bd. 12. Münster 2006.

[5] www.nun-zeitschrift.de/de/media/pdf/NUN_Ausgabe_006.pdf

[6] ebd. S. 16.

[7] ebd. S. 17.

[8] ebd. S. 20.

[9] ebd. S. 27.

[10] ebd. S. 30.

[11] ebd. S. 31.

[12] ebd. S. 50.

[13] ebd. S. 64.

[14] Umberto Rizzitano: Mohammed. Aus dem Französischen übertragen von Peter Kamnitzer. Paris/Gütersloh. S. 24.

[15] ebd. S. 45.

[16] ebd. S. 50.

[17] Soumia Sidi Moussa: Muhammad. Die Botschaft und der Gesandte. Illustrierte Geschichten des Islams für Kinder. Köln 1985.

[18] Mit »Die zwölf Karikaturen des Propheten – eine europäische Presseschau« lieferte perlentaucher.de eine sehr informative Übersicht. www.perlentaucher.de/artikel/2886.html

[19] Weltwoche Nr. 7.2006.

[20] www.zeit.de/2006/06/D_8anemark_neu?page=all

[21] www.perlentaucher.de/artikel/2886.html

[22] Die islamwissenschaftlichen Kommentare sind von Tanja Duncker, lic.phil. (mündlich an den Autor).

23 http://www.perlentaucher.de/artikel/2888.html
24 www.ideagentur.de/startseite/nachrichten/sv-ss-topnews/article/41487/736/
25 Ein Beispiel: Basler Zeitung, 15.2.2006.
26 www.qantara.de/webcom/show_article.php?wc_c=469&wc_id=275
27 www.qantara.de/webcom/show_article.php/_c-299/_nr-160/i.html
28 www.qantara.de/webcom/show_article.php/_c-299/_nr-166/i.html
29 www.qantara.de/webcom/show_article.php/_c-469/_nr-731/_p-1/i.html
30 www.spiegel.de/kultur/gesellschaft/0,1518,druck-405829,00.html
31 www.qantara.de/webcom/show_article.php?wc_c=469&wc_id=275
32 26.1.2006. www.irancartoon.com/indexday002.htm
33 www.shaziamirza.org/
34 Interview mit Shazia Mirza: www.qantara.de/webcom/show_article.php/_c-502/
_nr-8/_p-1/i.html?PHPSESSID=285632a31ba5d6c1f14365d1dc99187c
35 www.qantara.de/webcom/show_article.php/_c-299/_nr-407/i.html
36 Alles, was sich auf Allah bezieht, wurde in dieser Koranübersetzung von Muslimen
aus Respekt groß geschrieben und deshalb von mir unverändert übernommen.
37 Gibt es Humor im Islam? Dr. Katajun Amipur, Islamwissenschaftlerin und Au-
torin, geht dieser berechtigten Frage nach:
www.mdr.de/mdr-figaro/journal/2518113-hintergrund-2487667.html
38 Die Seite ist leider nicht mehr aktiv:
www.globalwebpost.com/farooqm/my_misc/hadith_humor/index.html
39 ebd. Nr. 5 (Sahih Muslim, Vol 1, 365).
40 www.bedava.dk/bedava/islamiyet-kurani-kerim-dualar-peygamberimiz/
peygamberimiz-hz-muhammed/german-dies-ist-mohammad.html
41 Gespräch des Autors mit Nicolas Blancho.
42 Wer den Duft des Essens verkauft. Schwänke und Anekdoten vom Hodscha Nasreddin. Ausgewählt, aus dem Türkischen übersetzt und mit einem Nachwort von
Herbert Melzig. Berlin/DDR, 4. Aufl. 1988. S. 260.
43 202 Witze von Nasreddin Hodja. Minyatür Yayinlari, No. 1d. Istanbul, Nr. 107.
44 ebd. Nr. 193.
45 ebd. Nr. 101.
46 www.inforel.ch/i1111
47 www.inforel.ch/i11187
48 www.naqschibandi.de/kraft.htm
49 Mündlich von einem Sufi überliefert.
50 http://www.livingislam.org/sis_d.html
51 Zum Beispiel: Carrière [1999]: Der Derwisch und der berühmte Sänger, S. 184.
Der Verborgene Meister, S. 201.
52 http://youth.ibn.net/humor.asp

[53] Quelle für diesen und die folgenden Witze: http://youth.ibn.net/humor2.asp?CAT=Muslim (freie Übersetzung des Autors)

[54] www.livenet.ch/www/index.php/D/article/349/29541/

[55] Ash-Sharq (Qatar), 19.2.2006.

[56] www.arabeuropean.org

[57] Karikatur S.113: © Gerhard Mester, Wiesbaden.

[58] züri-tip, 24.10.1986 (Original in »Züridütsch«).

[59] Bernie in: Sonntag, 26.4.1989.

[60] www.karikatur-cartoon.de/politik/schleier.htm

[61] Freidenker, 2.2.2006.

[62] www.kunstsam.de/karikaturisten_selbstmord.html

[63] www.kunstsam.de/fatwa_terrorismus.html

[64] www.karikatur-cartoon.de/politik/politik92_mohammed_karikatur.htm

[65] www.karikatur-cartoon.de/politik/politik92_mohammed_karikatur.htm

[66] Lübecker Nachrichten, 3.2.2006.

[67] Interview mit Hartmut Haas vom »Haus der Religionen«. Das ganze Interview ist hier nachzulesen: www.vioz.ch/2006/200603xx_Karikaturenstreit.pdf

[68] www.inforel.ch/i110

[69] Ali Duran Gülçiçek / Rüdiger Benninghaus: 99 Bektaschi Witze – BEKTASCH FIKRASI. Deutsch – Türkisch. Köln 1996.

[70] ebd. S.26.

[71] ebd. S.100.

Religionen in Indien

Humor in Indien?

Der Begriff »Humor« scheint in Indien ein Fremdwort zu sein. Jedenfalls entsteht dieser Eindruck, wenn wir die Menschen danach fragen. In Indien Humor zu finden, ist nicht sehr einfach, dies stellte auch der Indologe und Religionswissenschaftler Lee Siegel[1] in den 1980er-Jahren fest. Indien ist ein puritanisches Land.[2] Dabei gibt es in der Sanskrit-Literatur mehr Komödien und Schwänke als in jeder anderen Sprache.[3] Um die Feinheit indischen Humors zu entdecken, muss man mindestens zweimal hinschauen, denn es gibt ihn doch. Humor ist häufig ein Mittel, um mit den oft sehr schwer zu ertragenden Verhältnissen in Indien leben zu können, sei es die allgegenwärtige Korruption oder die Armut. Rasipuram Krishnaswamy Laxman ist einer der kritischsten zeitgenössischen Karikaturisten, der besonders die Korruption und Vetternwirtschaft im Parlament und die Diskrepanz zwischen Arm und Reich in seinen Karikaturen anprangert. Von ihm werden in Tageszeitungen Karikaturen veröffentlicht, die unterdessen auch in Buchform erhältlich sind.[4]
Khushwant Singh ist ein Schriftsteller, der auch im Westen einen gewissen Bekanntheitsgrad erreicht hat. Er hat in den achtziger Jahren angefangen, Witze zu sammeln und als Taschenbücher zu veröffentlichen. In den Vorwörtern zu den inzwischen sieben »Khushwant Singh's Joke Books« schreibt er: »Der größte Witz ist, dass in einem Land, das bekannt ist dafür, dass es keinen Humor hat, Witzebücher Bestseller werden.«[5] Bestseller sind diese einfachen Bücher tatsächlich geworden. So erreichte allein der 6. Band in sechs Jahren 16 Auflagen! Die Bücher sind sehr einfach zustande gekommen, indem Leserinnen und Leser Witze an den Herausgeber senden, der sie dann mit ihrem Namen versehen veröffentlicht. Wenige Witze steuert er selber bei, vorzugsweise selbstironische Witze über die Sikh-Religion und ihre Gläubigen. In jedem der Bücher sorgen außerdem Karikaturen von verschiedenen Zeichnern nicht nur für eine optische Auf-

lockerung. Die Bücher enthalten jeweils mindestens eine Karikatur über Khushwant Singh. Was Khushwant Singh bei der Mehrheit der Inder vermisst, ist die Fähigkeit, über sich selbst zu lachen. Er stellt fest, dass nur zwei Religionsgemeinschaften über sich selbst Witze machen. Dies sind die beiden Minderheiten der Sikh und der Parsis.[6] Khushwant Singh, der selber ein Sikh ist, geht mit gutem Beispiel voran und bringt immer wieder Witze, manchmal recht böse, über Sikhs. Mehr dazu im Kapitel »Sikh«.

Humor im Internet

Allerdings stimmen die pessimistischen Einschätzungen von Khushwant Singh und Lee Siegel nicht mehr mit den heutigen Verhältnissen überein. Durch die enorme Verbreitung des Internets ist eine komplett neue Situation entstanden. Unter dem Namen »Kaak« publiziert Harish Chandra Shukla »Kaaktoons«.[7] Obwohl der Künstler seit 1983 Cartoons veröffentlicht, sind sie erst durch das Internet richtig bekannt geworden. Seit 2004 erscheinen sie auch auf einer eigenen Homepage.

Das Pseudonym »Kaak« ist ironisch und satirisch zu verstehen. »Kaak« hat mehrere Bedeutungen. So heißt es in Hindi »Krähe«. In Pakistan ist »Kaak« ein Synonym für »Pathhar ki roti«, Steinbrot. Der Karikaturist »Kaak« wurde 1940 als Sohn von Shobhanath Shukla, einem Freiheitskämpfer für ein unabhängiges Indien, geboren. In seinem Pseudonym lässt er etwas anklingen, was er mit seinen Karikaturen zeichnerisch umsetzt. Er zeigt soziale Missstände auf und karikiert schonungslos alle Politiker und führt damit auf seine Art den Freiheitskampf seines Vaters weiter.

In den letzten acht Jahren entstand eine Vielzahl von humoristischen Websites oder Websites mit einer oder mehreren Unterseiten »Humor«. Nicht alle Internetseiten entsprechen unserem Geschmack. So z. B. die Seite hinduweb.org, wo auf der Unterseite »Paki Jokes« Witze gegen den indischen Erzfeind Pakistan veröffentlicht werden.[8] Als Blickfang und Signet dient das Wappen von Pakistan mit einem (blut-)roten Schriftzug darüber: »Killing in the name of Allah«!

Glücklicherweise ist das eine Ausnahme. Die meisten Internetseiten sind harmlos. Einzelne davon haben unsere Fragestellung thematisiert. So finden wir in »Dobhran's Humorama« eine Unterseite »RELIGION!«[9] Auf der Unterseite von »beliefnet.com« können die Witze unter »Find a joke by Faith«[10] sogar nach der gewünschten Religion ausgewählt werden. Einzelne Beispiele werden bei der jeweiligen Religion vorgestellt.

Religionen in Indien

In Indien leben etwa eine Milliarde Menschen. Die Mehrheit von etwa 80 Prozent bekennt sich zum Hinduismus[11], 3 Prozent zum Christentum und etwa 11 Prozent zum Islam. Nur ungefähr 2 Prozent sind Sikh. Jainas und Buddhisten sind Minderheiten mit weniger als einem Prozent Anteil der Bevölkerung.

Obwohl der Buddhismus in Indien entstanden ist, hat er im Gegensatz zu anderen asiatischen Ländern seine ursprüngliche Bedeutung verloren. Daneben gibt es kleinste Minderheiten von Parsen, Bahá'í und Juden. Die religiösen Minderheiten sind sehr ungleichmäßig verteilt. Im Punjab bilden die Sikh sogar eine schwache Mehrheit. In Kerala gibt es eine beachtliche christliche Minderheit im Gegensatz zu den anderen Bundesstaaten. Offiziell ist Indien eine säkulare Demokratie. Tatsächlich aber besitzt der Hinduismus eine beherrschende Rolle. So müssen auch Sikh meist ihre Eheschließung nach Hindurecht bestätigen lassen, obwohl es ein eigenes Sikh-Heiratsgesetz gibt. Christen im Punjab klagen über Diskriminierungen. Obwohl der Hinduismus den Ruf hat, sehr tolerant zu sein, können in Indien Hinduextremisten relativ ungestört wirken und besonders muslimische und christliche Minderheiten terrorisieren. Glücklicherweise ist dies nicht die Regel. Die Mehrheit der Inder lebt mehr oder weniger friedlich zusammen.

Zwischen den traditionellen indischen Religionen Hinduismus, Jainismus, Buddhismus und Sikh gibt es kaum Berührungsängste. So werden von vielen Gläubigen gegenseitig die Tempel besucht. Dass in den Häusern neben Bildern und Kultgegenständen der eigenen Religion auch solche einer der anderen Religionen stehen oder hängen, ist keine Seltenheit. Bilder von Jesus finden wir auch relativ häufig. In einem Telefonshop sah ich in einem großen Bilderrahmen je ein Bild von Jesus, einer Hindugottheit und einem Sikh-Guru. Das Ganze war mit einer Girlande versehen und zeigte so, dass dieses Dreigespann vom Inhaber des Geschäftes verehrt wird.

Das Vorhandensein von Jesusbildern in Geschäften, Privathaushalten und sogar Hindutempeln ließe darauf schließen, dass auch Christen innerhalb des Toleranzrahmens lebten. Leider stimmt dies nur bedingt. Hindus achten und verehren Jesus als Heiligen, betrachten und begegnen seinen Anhängern aber kritisch bis feindlich. Ein Grund dafür mag sein, dass das Christentum die Religion der ehemaligen Kolonialmacht England ist. Gegenüber Muslimen hört die Toleranz auf. Muslime sind doppelt verdächtig. Lange war Indien von Mogulherrschern besetzt, dies hat bis heute Nachwirkungen. Seit 1947 ist Indien von Großbritannien unabhängig, aber auch geteilt in die beiden selbstständigen und verfeindeten Länder Indien und die »Islamische Republik Pakistan«. Dieser Exkurs ist nötig, um die humoristische Seite zu verstehen.

Unbefangener Umgang mit bildlichen Darstellungen

Eine Besonderheit indischer Kultur ist der unbefangene Umgang mit Bildern. Bilder sind allgegenwärtig. Ob der sehr verbreitete Analphabetismus die Ursache ist, kann bezweifelt werden. Möglicherweise trägt jedoch der Umstand, dass viele Menschen in Indien nicht lesen können, zur Beliebtheit der gezeichneten oder gemalten Darstellungen bei. Allerdings wurde in Indien schon vor mehr als 3000 Jahren auf höchstem Niveau gemalt.

Es gibt beinahe nichts, das nicht bildlich dargestellt wird, so selbstverständlich auch religiöse Themen. In den letzten Jahrzehnten hat sich die Reklamemalerei als eigene Kunst etabliert. An Hausfassaden malen Künstler das, was hier gekauft werden kann. Religiöse Themen werden auch in der Werbung verwendet. Häufig kommt es vor, dass ein Juweliergeschäft, eine Autogarage oder eine Schreinerei nach einer Hindugottheit oder einer anderen Persönlichkeit aus dem religiösen Bereich wie Buddha, Guru Nanak, Guru Gobind Singh benannt sind. Unbefangen ziert das gemalte Konterfei das Geschäftsschild. Dabei muss der Geschäftsinhaber nicht zwangsläufig auch der entsprechenden Religionsgemeinschaft angehören. Auch auf Kalendern, die als Werbegeschenke eingesetzt werden, finden sich Götter, Heilige und heilige Orte der Hindus, Sikh, Jainas und Christen, aber nur selten von Muslimen.

Amar Chitra Katha

Der Künstler Anant Pai und der Inhaber des Verlags India Book House, G.L. Mirchandani, begannen im Jahr 1967 eine Serie von Comics über die Mythologie und Geschichte Indiens herauszugeben. Anant Pai sah im Fernsehen ein Quizprogramm. Dabei fiel ihm auf, dass die Kinder über Tarzan und griechische Gottheiten viel, aber über das große indische Epos Ramayana kaum etwas wussten. So kam er auf die Idee, die indische Mythologie und die Legenden der Jugend in einfacher Art näher zu bringen. »Amar Chitra Katha« begann die Publikationsreihe mit einem Heft über den Gott Krischna.[12]

»Amar Chitra Katha« heißt »Unsterbliche illustrierte Geschichte«. Der Name ist Programm. Der Verlag gab im Verlauf der letzten 40 Jahre etwa 500 Hefte heraus. Die Hefte werden in Englisch und Hindi publiziert. Ein großer Teil wurde in weitere indische Sprachen übersetzt, so in Bengali, Marathi, Assamese, Gujarati, Punjabi, Kannada, Telugu, Tamil und Urdu. Einzelne Titel publizierte der Verlag sogar in europäischen Sprachen.

Die meisten Hefte haben einen Umfang von 30 Seiten und sind farbig illustriert. Wie in einem üblichen Comic haben die Sprechenden Sprechblasen. Zur näheren Erläuterung stehen über vielen Einzelbildern der Comics jeweils zusätzliche Erklärungen.

Die Herausgeber wagten sich auch an schwierige Themen. So zum Beispiel an die Übertragung von Sanskrittexten wie zum Beispiel Teilen aus dem Bhagavata Purana und dem Epos Mahabharata.

Das Heft »Jesus Christ«, das im Jahr 1980 erschien, wurde mit einem Vorwort von Cardinal Lawrence T. Picachy, S.J., Präsident der Bischofskonferenz von Indien, eingeleitet. Damit wird die Ernsthaftigkeit und das Bemühen der Herausgeber um eine sach- und auch kindgerechte Darstellung verdeutlicht. Dieses Heft unterscheidet sich vom Stil her nicht von den anderen Heften.

Der Hinduismus ist die indische Mehrheitsreligion. Entsprechend ist die Mehrheit der Hefte Themen und Persönlichkeiten aus dieser Tradition gewidmet. Weitere Religionen sind Sikh, Buddhismus, Jaina und Parsen (Zoroastrismus). Sogar drei muslimische Persönlichkeiten sind in der Heftreihe vertreten.

Carina Stefanie Back schrieb über diese Comic-Reihe ihre Magisterarbeit in Religionswissenschaft.[13] Sie hat 20 dieser Hefte untersucht. Dabei kam sie zu dem Ergebnis, dass sich Autoren und Zeichner möglichst ori-

ginalgetreu an die alten Texte und an die Ikonographie der dargestellten
Götter gehalten haben.[14] Die Comics illustrieren traditionelle Riten und
hinduistische Symbole, die mit der klassischen Überlieferung übereinstimmen. Damit wird der Anspruch der Herausgeber, Kultur- und Informationsvermittlung zu betreiben, erfüllt.[15]
Dass die Inhalte gekürzt sind, ist die Folge der Notwendigkeit, einen
komplexen Sachverhalt auf sehr beschränktem Raum darzustellen.[16]
Back stellt jedoch fest, dass der Herausgeber »ganz offensichtlich Wert
darauf gelegt hat, dass die in den Comics erzählten Episoden möglichst
originalgetreu wiedergegeben werden. Die möglichst originalgetreue
Wiedergabe geht dabei häufig so weit, dass einzelne Schlüsselwörter und
teilweise ganze Sätze aus den Originaltexten wörtlich im Comic aufgegriffen werden.«[17] Die für Comics typische rudimentäre Sprache findet
sich kaum. »Randtexte geben ungewöhnlich umfangreiche Informationen, Fremdwörter oder andere erklärungsbedürftige Wörter werden
erläutert.«[18]
Kehren wir nun aber zum eigentlichen Thema dieser Publikation, dem
Humor, zurück. Obwohl der Inhalt der Comics der Amar Chitra Katha
ernsthaft ist, gibt es immer wieder Raum für Humor. Am auffälligsten ist
dies bei den Heften »Krishna«[19], »Guru Nanak«[20] und »Panchatantra
and Hitopadesha«. In manchen Heften finden wir auch witzige Darstellungen, wo es nicht um eine humoristische Geschichte geht, aber durch
die Situationskomik wenigstens ein Schmunzeln ausgelöst wird, wie im
Heft »Kumbhakarna«[21]

Soziale Gegensätze, Religionen und Humor

Indien erscheint uns im Westen als ein einheitliches Land, das ist es aber
keineswegs. Indien ist ein Vielvölkerstaat, dessen ethnische Vielfalt ohne
weiteres mit der des gesamten europäischen Kontinents vergleichbar ist.
Als Amtssprachen sind 21 Sprachen anerkannt, die auch noch in verschiedenen Schriften geschrieben werden. Daneben gibt es unzählige
weitere Sprachen.
Es gibt aber Probleme, die ganz Indien betreffen, wie eine desolate Wirtschaft, Korruption und Armut. Oft ist Humor ein Mittel, um nicht in
Depressionen zu versinken.
Neben den schon erwähnten Karikaturen von Laxman gibt es einige Witze aus dem religiösen Bereich, wie das folgende Beispiel zeigt:

»Wirtschaftsmann: ›Die Wirtschaft Indiens geht aufwärts.‹
Gewöhnlicher Mann: ›Ja, zum Himmel! Nur Gott kann sie noch ret-
ten.‹«[22]

Wir Ausländer, die wir meist aus dem Westen kommen, werden in der
Regel als Engländer betrachtet. In Nordindien nennt man uns deshalb
»Angredschi« und behandelt uns häufig als Dummköpfe, die die indi-
sche Kultur sowieso nicht verstehen. Darüber gibt es unzählige Anekdo-
ten. Einzelne haben auch Eingang gefunden in Khushwant Singh's Joke
Books. So zum Beispiel die Folgende:

»Ein Amerikaner besuchte regelmäßig Indien und gewöhnte sich so lang-
sam an die unzähligen religiösen Feiertage, die im Land gefeiert werden
und lernte, wie er seine indischen Freunde bei solchen Gelegenheiten grü-
ßen musste: ›Happy Divali, Happy Eid, Happy Christmas …‹ Nun fügte
er einen neuen religiösen Gruß seiner Sammlung hinzu: ›Happy Bandh to
you!‹«[23]

»Bandh« bedeutet in Hindi »geschlossen«. So hängen Geschäftsinhaber
an ihre Türe das Schild »Bandh – Closed«. »Bandh« ist aber auch die
Bezeichnung für eine Art Streik, der meist nur einen Tag dauert.
Dieser »Witz« zeigt aber auch die Schlauheit der Inder, wenn es darum
geht, Behörden- und Regierungsanweisungen auszutricksen. So kann das
normale Schild »Bandh« an einer Amtsstelle aufgehängt werden, um anzuzeigen, dass das Büro ganz prosaisch geschlossen ist, aber auch, um
einen »sanften« Streik anzuzeigen. Ein Streik (Hindi: »hartal«) ist eine
schärfere Form des zivilen Ungehorsams.
In einem weiteren Witz wird die soziale Wirklichkeit Indiens in einem
religiösen Kontext gezeigt:

»Der Lehrer in der Schule zeigte auf das Bild von Adam und Eva an der
Wand und fragte: ›Kann mir jemand sagen, aus welchem Land die beiden
sind?‹ Ein Schüler antwortete: ›Sie haben keine Kleider, kein Haus und
nur einen Apfel zum Essen, aber nennen es Paradies. Sie müssen Inder
sein.‹«[24]

Auch beim folgenden religiösen Witz wird der Gegensatz von Arm und
Reich angesprochen:

» *Als ein reicher Mann auf dem Sterbebett lag, bat er seine Frau, ihn ohne Kleider zu verbrennen.* ›*Ich weiß, wohin ich gehen werde*‹, *erklärte er ihr.* ›*Dort werde ich keine Kleider brauchen!*‹ *Als er gestorben war, hielt seine Witwe das ihm abgegebene Versprechen. Ein paar Tage später, gerade als die Witwe ins Bett gehen wollte, erschien der Geist des Mannes und sagte:* ›*Hole mir die Winterunterwäsche und den warmen Mantel. Es sind so viele reiche Leute in der Hölle, dass sie eine Klimaanlage installiert haben.*‹«[25]

Sogar im Westen finden wir Witze, die soziale Missstände in Indien in Verbindung mit der Religion thematisieren. Obwohl der folgende Witz schon vor bald 20 Jahren erschienen ist, hat er von seiner Aktualität kaum etwas verloren:

» *Ronald Reagan, Michail Gorbatschow und Rajiv Gandhi konsultieren gemeinsam den lieben Gott, um herauszufinden, wann es mit der Korruption in ihrem Land ein Ende haben wird. Reagan wird als erster vorgelassen und erhält zur Antwort:* ›*50 Jahre.*‹ *Da fängt Reagan an zu weinen. Der liebe Gott fragt ihn:* ›*Ronny, warum weinst du denn?*‹ ›*Weil ich das nicht mehr erleben werde.*‹ *Nun tritt Gorbatschow ein. Gott antwortet ihm:* ›*100 Jahre.*‹ *Auch Gorbatschow hat sofort Tränen in den Augen und klagt dem lieben Gott, dass er somit das Ende der Korruption nicht mehr erleben wird. Als dann Rajiv Gandhi an der Reihe ist und dieselbe Frage stellt, da wird der liebe Gott von einem fürchterlichen Heulkrampf erfasst ...*«[26]

Humor als Mittel der Begegnung und Abgrenzung

Das Zusammenleben der unterschiedlichen Religionen in Indien verläuft nicht immer spannungsfrei. Glücklicherweise sind blutige Konfrontationen, wie zum Beispiel in Jammu Kashmir, die Ausnahme. Die Auseinandersetzung mit den verschiedenen Kulturen und Religionen findet verschiedene Ventile. Eines davon sind Witz und Humor. Mit der Theologie nimmt man es dabei nicht so genau. Wenn es gerade passt, werden die Glaubensvorstellungen auch vermischt. Selten sind auch Muslime in Witzen präsent.

Nicht immer wird der Gegensatz der Religionen betont, um sich über die andere Religion lustig zu machen. Manchmal dient er lediglich als Stilmittel. Die Grenzen zwischen den verschiedenen Religionen können also einmal verwischen oder werden besonders betont. Hindus glauben, dass Brahma die Welt erschaffen hat. Für Christen ist »Gott« der Schöpfer. Im folgenden Witz wird ein Gespräch zwischen dem christlichen Gott und dem Hindu-Gott Brahma geschildert, um den zerstörerischen Umgang der Inder mit ihrem schönen Land zu beschreiben:

»Als Gott die Welt erschaffen hatte, konnte er nicht aufhören, gegenüber Brahma zu prahlen mit den speziellen Begünstigungen, die er Indien gewährt hatte. ›Ich gab die höchsten Berge und die breitesten Flüsse der Welt; ich gab die größten Wälder, gefüllt mit Wildtieren; ich gab Kohle-, Gold- und Diamantenminen. Ich gab von allem das Beste.‹ ›War es gerecht, einem Land so viel Wohlstand zu geben?‹, fragte Brahma. ›Du solltest sehen, welche Art von Menschen ich nach Indien gebracht habe. Sie werden alles, was ich ihnen gegeben habe, zerstören.‹«[27]

Anmerkungen

[1] Lee Siegel: Laughing Matters. Comic Tradition in India. Delhi 1989.

[2] Siegel, a.a.O. S. 441.

[3] Siegel a.a.O. S. 440.

[4] So zum Beispiel: Rasipuram Krishnaswamy Laxman: The best of Laxman. The Common Man at Home. New Delhi 1995/2000.

[5] Khushwant Singh: Khushwant Singh's Joke Book III. Delhi/Mumbai/Hyderabad 1992/2004. S. 5.

[6] ebd.

[7] http://kaakdrishti.com und http://www.kaaktoons.com; andere Adressen führen auf die gleiche Seite.

[8] http://www.hinduweb.org/home/general_sites/sita/sitakasansar/paki.htm

[9] http://www.dobhran.com/humor/index-religion.htm

[10] http://www.beliefnet.com/dailyjoke/DailyJoke.aspx?QID=0

[11] Dass unter dem Begriff »Hinduismus« sehr unterschiedliche Religionsformen zusammengefasst sind, lassen wir hier außer Acht.

[12] »The big idea«: http://www.amarchitrakatha.com/about_us/index.asp

[13] Carina Stefanie Back: Vom rezitierten Purana zur gemalten Bildergeschichte. Informationstransfer bei der Umsetzung indischer mythologischer Überlieferung in Comics. Berlin 2007.

[14] Back, a.a.O. S. 52.

[15] Back, a.a.O. S. 73.

[16] Back, a.a.O. S. 90.
[17] Back, a.a.O. S. 100.
[18] Back, a.a.O. S. 100.
[19] Heft Nr. 501; siehe dazu das Kapitel »Hinduismus«.
[20] Heft Nr. 47; siehe dazu das Kapitel »Sikh«.
[21] Heft Nr. 528; besonders S. 20.
[22] Khushwant Singh's Joke Book 5. Delhi. S. 128.
[23] Khushwant Singh's Joke Book IV. S. 56.
[24] Khushwant Singh's Joke Book III., S. 96.
[25] Khushwant Singh's Joke Book III., S. 104.
[26] Weltwoche, 2.6.1988.
[27] Khushwant Singh's Joke Book III. S.18.

Hinduismus

Einführung

Der Hinduismus kennt im Unterschied zu Islam und Christentum keinen Gründer und besitzt auch kein einheitliches heiliges Buch. Theoretisch werden zwar die Veden anerkannt, aber im Glauben spielen sie keine Rolle. Der Hinduismus ist in Jahrtausenden gewachsen und hat immer wieder neue Elemente aufgenommen, so auch in jüngster Zeit christliche. Die ältesten Formen der indischen Religiosität gehen zurück auf die Zeit vor der arischen Einwanderung (ab etwa 1500 vor Christus) und sind zum Teil in der tamilischen Ausprägung noch enthalten. Bei allen Unterschieden innerhalb der verschiedenen Richtungen des Hinduismus gibt es doch viele Gemeinsamkeiten, so z. B. den Glauben an ein zyklisches Weltbild. Die Welten und alle Wesen werden erschaffen, sterben und werden wieder neu erschaffen. Dieser Kreislauf hat normalerweise kein Ende. Jede gute und schlechte Tat trägt Früchte, die die nächste Existenz bestimmen.

Innerhalb des heutigen Hinduismus gibt es unter vielen anderen zwei große Bewegungen. Die erste Gruppe sind die Vischnuiten (oder Vaischnava). Sie verehren als Hauptgott Vischnu und seine verschiedenen Avatare, das heißt »Herabstiege« von Gottheiten. Ein Teil von ihnen verehrt in erster Linie oder sogar ausschließlich Krischna. Von dieser Richtung finden wir im Westen die »Krischna-Bewegung«; eine Minderheit der Tamilen bildet innerhalb der Krischna-Bewegung eine eigene Gruppe.

Die zweite große Bewegung sind die Schivaiten (oder Schaivas). Sie haben als Hauptgott Schiva. Seiner Familie kommt hohe Verehrung zu. Zu dieser Richtung zählt sich die Mehrheit der tamilischen Hindus.

Hindus werden als Polytheisten bezeichnet, weil sie mehrere Götter verehren. Für beinahe jeden Aspekt des Lebens ist ein anderer Gott oder eine andere Göttin zuständig. Es gibt auch die philosophische Einstellung, dass alle Götter verschiedene Erscheinungsformen oder Gesichter des einen Gottes sind.[1]

Unbefangener Umgang mit Bildern

Wenn wir im Hinduismus etwas vergeblich suchen, dann ist das ein Bilderverbot. Es gibt wirklich nichts, das nicht bildlich oder gar dreidimensional dargestellt würde. Seien dies die Gottheiten als würdige Gestalten, die der Verehrung harren, oder die verschiedenen Episoden aus der reichen hinduistischen Mythologie. Sogar sexuelle Szenen werden bildlich dargestellt,[2] die wir hier aber nicht vertiefen. Hingegen enthüllen uns die gewöhnlichen religiösen Abbildungen sehr viel über den Hinduismus. In den unzähligen billigen Gebetbüchlein und Heftchen werden immer die Gottheiten, denen der Inhalt gewidmet ist, farbig oder (heute nur noch selten) schwarz-weiß dargestellt. Auf diesen naiven Bildern sehen wir die Göttinnen und Götter mit ihren Attributen und meist auch, wofür sie angerufen werden. So zum Beispiel die Göttin Lakschmi, der aus der rechten Hand Goldmünzen fließen oder Sarasvati, die Göttin der Künste und des Wissens, die mit ihrem Saiteninstrument spielt.[3]

Manche der Darstellungen sind mit so vielen Details gezeichnet oder gemalt, dass sie durchaus mit den christlichen Darstellungen der »Biblia pauperum« (»Armenbibel«) verglichen werden können. Mit einzelnen Bildern werden wir uns später noch beschäftigen.

Religiöse Bilder und Symbole finden wir aber auch an profanen Orten wie Geschäften, Autos und anderen Gegenständen, für die sich die Gläubigen Segen oder Schutz wünschen.

Hinduismus und Humor

Das Universum ist ein kosmisches Puppentheater oder ein Spielplatz für die Götter. Wie das zu verstehen ist, sehen wir bei der Verwendung des Begriffes »Lila«, den wir im nächsten Abschnitt betrachten.

Dass der Humor auch in heiligen Schriften seinen Platz hat, sehen wir zum Beispiel im Rig-Veda, einem der ältesten hinduistischen Texte. Nach vorsichtigsten Schätzungen ist dieser Text etwa 3000 Jahre alt.

In Rig-Veda 9,112 ist ein humoristisches Lied überliefert. In den ersten drei Versen zeigt der Dichter, dass jeder Mensch dem Geld nachläuft. Im vierten Vers zeigt er, dass »jeder Mensch und jedes Tier sein besonderes Pläsier«[4] hat, so zum Beispiel »Das Zugpferd wünscht den leichten Wagen, die Spassmacher Gelächter, …«.[5]

Die Marut sind die Sturmgötter, die im Rig-Veda einen bedeutenden Platz einnehmen. Sie werden dort als Freunde und Verbündete des »Götterkönigs« Indra dargestellt. Über diese Marut heißt es, dass sie »aus dem Lachen des Blitzes geboren«[6] wurden.

»Lila« – das göttliche Spiel

Der Sanskritbegriff »Lila« heißt »Spiel, Scherz, Belustigung«.[7] Der gleiche Begriff wird sowohl im profanen Bereich zum Beispiel für ein Kinderspiel, als auch philosophisch verwendet. Von Hindus wird der Begriff erklärt als »a term used to describe God's Divine cosmic drama of creation, preservation, dissolution, concealment and revelation.«[8] Die Vaischnava betrachten die Schöpfung als »Lila« der Götter. Korrekterweise müssten wir den Plural »Schöpfungen« verwenden, weil nach hinduistischer Lehre die Welt nicht nur einmal, sondern immer wieder erschaffen wird. Diese Schöpfungen sind »Lila«, göttliche Spiele.

»Schwebende Leichtigkeit und Beweglichkeit und Biegsamkeit und Spontanität ist diesem ›Spiel‹ der göttlichen Liebe eigen. Es ist ein spontanes Wechselspiel, das frei ist von jeder irdischen Zweckgebundenheit. Es ist völlig frei vom zweckversklavten Denken der Erdenmenschen. Nur die ganz jungen Kinder zeigen auf Erden ein wenig vom Glanz der Spielfreude der Lila. Und die Bhaktas haben manchmal, um den Außenstehenden das unbegreifliche Wesen der Lila anzudeuten, diese mit dem spontanen Spielreigen unschuldiger heiterer Kinder verglichen.«[9]

Auf manchen Bildern finden wir tanzende Götter beim Schöpfungsgeschehen. So zum Beispiel Schiva, der tanzend die Welt zerstört und wieder erschafft. Deshalb heißt er auch Nataraja, »König des Tanzes«. Der Kosmos und die Welt werden in einem großen Spiel, dem großen Tanz des Schiva-Nataraja erschaffen, erhalten und wieder aufgelöst.[10]
Der Begriff »Lila« braucht uns hier nur insofern zu interessieren, als damit gezeigt wird, dass sogar in der Schöpfung Humor seinen Platz hat. Humor ist nicht etwas, das zum Lachen anregt, sondern eine Leichtigkeit des Seins.[11]

Krischna

Eine sehr volkstümliche Gottheit ist Krischna. Ob er nun eine Inkarnation Vischnus oder Vischnu eine Inkarnation Krischnas ist, braucht uns hier nicht zu interessieren. Tatsache ist, dass Krischna sehr beliebt ist. Die Bhagavad-Gita ist zwar nur ein Teil des großen Epos Mahabharata, ist aber beinahe so etwas wie die »Bibel Indiens«. Krischna wird als normales Kind in eine Familie geboren und wächst auch so auf. Bei allen Schilderungen wird darauf Wert gelegt, dass er gleichzeitig Gott, aber auch Mensch ist.

Caitanya, ein hervorragender Gelehrter und glühender Verehrer Krischnas, lebte von 1486-1534 in Bengalen. Viele Vaischnavas halten ihn sogar für eine Inkarnation Krischnas. Caitanya verkündete Bhakti-Yoga, die liebende Hingabe zu Gott, als den besten Weg zur Gottesverwirklichung. Bhakti ist ein wechselseitiger liebevoller Austausch zwischen Gott und der Seele.[12]

Caitanya hatte viele Schüler. Einer davon war Rupa Gosvamin (1490-1563).[13] Er war ein Poet und schrieb in Sanskrit. Der Inhalt seiner Werke war die Liebe für Krischna. Eines davon ist Bhakti Rasamrta Sindhu.[14] Im Kapitel 45 beschreibt er den Humor. So zum Beispiel in der folgenden Anekdote: Ein Freund Krischnas sagte zu ihm:

»»Mein lieber Krischna, wenn du deinen Mund öffnest, werde ich dir eine mit Yoghurt gemischte Süssigkeit hinein geben.‹ Krischna öffnete den Mund und der Freund steckte ihm anstelle der Süßigkeit eine Blume in den Mund. Nachdem Krischna die Blume im Mund gespürt hatte, verzog er das Gesicht zu einer Grimasse, so dass alle seine Freunde schallend lachen mussten.«[15]

In einer anderen Anekdote hat Rupa Gosvamin die sechs Arten des Lachens eingeflochten. Die Begebenheit war Folgende: Ein Handleser kam zu Nanda Maharajas Haus, also der Mutter Krischnas. Nanda Maharaja bat ihn, aus der Hand Krischnas die Zukunft zu lesen und ihr zu sagen, ob er der Meister über Tausende von Kühen wird. Da begann der Handleser zu lächeln.[16]

Da wir uns mit dem Thema »Humor« beschäftigen, sollen auch Definitionen von Sanskritbegriffen vorgestellt werden. Hier folgen nun die sechs Arten des Lachens in ekstatischer Liebe. Die sechs Begriffe werden in den Sanskrit-Wörterbüchern alle mit »Lächeln« übersetzt. Sie sind

Steigerungsformen. Die folgenden Definitionen stammen von Rupa Gosvamin:[17]

smita: Wenn jemand lächelt, aber die Zähne nicht sichtbar sind.
hasita: Wenn jemand lächelt und die Zähne ganz wenig sichtbar sind.
vihasita: Wenn jemand lächelt und die Zähne ganz sichtbar sind.
avahasita: Wenn die Nase aufgebläht ist und die Augen schielen.
apahasita: Wenn die Augen tränen und die Schultern zucken.
atihasita: Wenn eine lachende Person in die Hände klatscht und in die Luft springt.

Die Krischna-Bewegung und die Freude mit Krischna

Die ISKCON, die »International Society for Krishna Consciousness« war im Westen noch bis vor wenigen Jahren als »Krischna-Sekte« bezeichnet worden. In Indien erfreut sie sich hingegen einer recht großen Beliebtheit. Der Hauptgrund dafür ist, dass die Krischna-Anhänger konsequent die Verehrung Krischnas lehren und leben. Der Gründer der Bewegung, Abhay Charan De, der von seinen Schülerinnen und Schülern »His Divine Grace A.C. Bhaktivedanta Swami Prabhupada« genannt wird, kam 1965 in den Westen und veröffentlichte unzählige Bücher. Sie alle haben das Ziel, das Wissen über den Gott Krischna zu verbreiten.
In den beiden Bänden von »Krsna. Die Quelle aller Freude«[18] steht im Vorspann ein Vers aus der Brahma samhita (5.1):

»Krsna ist die Höchste Persönlichkeit Gottes, der Höchste Herrscher. Er hat einen ewigen, glückseligen, spirituellen Körper. Er ist der Ursprung aller Dinge. Er hat keinen anderen Ursprung, denn Er ist die urerste Ursache aller Ursachen.«

Mit den beiden Adjektiven »glückselig« und »spirituell« wird ein zentraler Inhalt dieser Bücher und damit des »Krischnabewusstseins« vermittelt. »Spirituell« sind oder wollen eigentlich alle Religionen sein, hingegen wird das Adjektiv »glückselig« nicht so oft verwendet. Bei einem flüchtigen Durchblättern der Bücher stoßen wir auf weitere Begriffe wie »fröhliche Ausgelassenheit« und »Freude«.

Im Krischnabewusstsein gibt es vier »regulierende Prinzipien«: Kein Essen von Fleisch, Fisch und Eiern, kein Konsum von berauschenden Mitteln, kein Glücksspiel und keine unzulässige Sexualität. Zu diesen Prinzipien verpflichtet sich jeder Gottgeweihte bei seiner Einweihung. Diese Regeln haben der Bewegung den Ruf eingetragen, asketisch und lustfeindlich zu sein. Ob dieser Ruf zu Recht besteht, ist Ansichtssache. Die Einhaltung der Prinzipien ist nur die eine Seite. Die andere Seite ist fröhlich und lebensbejahend. Dieser lebensbejahende, spielerische Aspekt wird in »Krsna. Die Quelle aller Freude« neben allem Ernsten betont. Nach eher blutrünstigen Kapiteln wie »Krsna tötet den Dämon Aghasura« und »Krsna tötet die Hexe Putana« folgen die »Lila« Krischnas. Diese »transzendentalen Spiele«[19] schildern sehr anschaulich die Begegnungen von Krischna mit den Gopis. So stiehlt er diesen Hirtenmädchen die Kleider, als sie nackt badeten.[20] Bildlich schildern Künstler die ausgelassenen Spiele Krischnas mit den Gopis.[21]

Im letzten Kapitel des zweiten Bandes[22] schildert Prabhupad die verschiedenen Spiele von Krischna.

Das Bewusstsein, einen Gott zu verehren, der selber gespielt, geneckt und gelacht hat, hat die Krischna-Bewegung stark geprägt. So wird auch bei bestimmten Teilen des Kultes getanzt und gelacht. Damit wird der Vorwurf der Askese wenn nicht widerlegt, so doch relativiert.

Dass nicht nur die Krischna-Bewegung Krischna und seine »Lila« achtet, zeigt das Zitat eines christlichen Priesters, der Anfang der 1960er-Jahre längere Zeit in der heiligen Stadt Vrindavan lebte, und sich selber als Vaischnava bezeichnete:

»Der Herr kommt, um die Guten zu erfreuen. Die Bösen sehen Ihn gar nicht. Er ist sehr geheimnisvoll – Er will uns dienen und sich von uns bedienen lassen. Er will uns Kind und Freund und Gespiele und Gemahl sein, Er will mit uns scherzen und spielen, wie ein kleines Kind [...]. Er begann laut aufzulachen. Auf der Strasse war ein zeternder und schimpfender Mann zu sehen. Eine Hand hielt er an seinen Kopf, mit der anderen versuchte er, das Ende seines Turbans herunterzuholen, das hoch über ihm hing. Ein kleiner Affe, wie sie zu Hunderten hier in der Stadt umherhüpfen, hatte mit kühnem Schwung nach dem Kopfschmuck des Dörflers gegriffen. Mit beiden Händen zog er daran. Ein halbes Dutzend anderer kleiner Hanumans sah interessiert zu. Die kleinsten klammerten sich an ihre Mütter. ›Gott hat viel Humor‹, sagte Gopalji, immer

noch lachend. ›Er will uns auf humorvolle Art von allem Überflüssigen freimachen.‹ Der Mann mit dem Turban schimpfte immer noch. Ohne Turban. Ein halbes Dutzend Äffchen vergnügte sich mit dem langen, leuchtend roten Tuchstreifen, sie wickelten sich darin ein, rollten einander umher und kreischten vor Vergnügen. Schließlich ließen sie ihn an einem Baumast flattern. ›Würde der dumme Mensch mit den Affen zanken‹, warf Gopalji ein, ›wenn er daran dächte, dass Krishna nun eben mit dem Turban spielen wollte? Alles ist Sein Spiel – Seine Lila. Wenn die Menschen nur einsehen würden, dass Er in allem ist, dass alles von Ihm ist, Krankheit und Gesundheit, Leben und Sterben, der Turban und der Affe – würden sie sich dann noch grämen oder aufregen? Die Menschen kennen Ihn nicht – obwohl Er überall ist. Sie sind irregeleitet von ihren eigenen Begierden. – Aber warum darüber reden? Wir wollen uns vertiefen in das Geheimnis der Geburt des Ungeborenen, der geboren wird in vielen Formen.‹«[23]

Krischna im Comic

Der Begriff »Comic« (ursprünglich Comics) leitet sich vom englischen Begriff »comic strip« (»komischer Streifen«) ab.[24] Dass Comics durchaus auch einen ernsten Hintergrund haben können, haben wir bereits erfahren. Comics, in denen Krischna der Held ist, gibt es einige. Die meisten davon sind in der Reihe »Amar Chitra Katha. Illustrated Classics from India« erschienen.

Die Kinderbücher »Krishnas Geburt und die Vernichtung Putanas«[25] und »Gopal der Unbesiegbare«[26] wurden von Krischna-Anhängern in deutscher Sprache herausgegeben und schildern die Kinder- und Jugendzeit von Krischna. In »Gopal der Unbesiegbare« sind einige der ganzseitigen Farbbilder humoristisch gezeichnet. Krischna und sein Bruder Balarama sollten auf die Kälber aufpassen, treiben aber allerlei Schabernack. Sie benutzen Seile und Steine, um die Früchte von den Bäumen zu holen. Die harten Früchte dienen ihnen zum Ballspielen.

Auf dem letzten Bild führt Krischna eine Schar Knaben flötespielend an. Sind in diesem hochwertig gedruckten Bilderbuch die Abbildungen und Geschichten relativ süss und harmlos, wird es im Heft »Krishna«[27] deftiger.

Auf dem Titelblatt sehen wir Krischna beim Naschen von Butter. Seinem Gesichtsausdruck ist anzusehen, dass er nicht ertappt werden will.

Auf fünf Seiten zeigt sich Krischna als Lausejunge, vor dessen Naschsucht nichts sicher ist. So reicht es nicht, die Milch und die Butter in die Höhe zu hängen. Krischna organisiert eine ganze Bande von Jungen, bildet mit ihnen eine dreifache Pyramide, um so an das Begehrte zu gelangen.[28]

Hier ist Krischna noch ein kleines Kind. Solche Bildchen kleben sich Kinder in Indien und Sri Lanka auf ihre Schulhefte.

Die Naschsucht Krischnas wird manchmal sogar dreidimensional dargestellt. So steht im Areal des Goshala Mandir in der nordindischen Stadt Phagwara eine lebensgroße Plastik einer Kuh. Darunter kauert ein Junge – eben Krischna – der direkt aus dem Euter Milch saugt.

Was für manche andere Religionen absolut undenkbar ist, nämlich eine göttliche Person als Lausejungen darzustellen, der Streiche ausführt, ist im Hinduismus akzeptiert. Es gibt aber Grenzen in der Darstellung, wie wir noch sehen werden.

Ganescha, der elefantenköpfige Gott

Ganescha, Pileyar, Vinayakar oder Ganapati ist der volkstümlichste und beliebteste Gott. Er wird vor jeder neuen Handlung angerufen. Ganescha soll, so die Volksmeinung, für Humor sehr viel Sinn haben. Nach der Überlieferung ist er durch das Gelächter Schivas geboren.[29]

Auf Abbildungen steht meist eine Schale mit kugelrunden »Laddus« vor ihm, das sind spezielle Süßigkeiten, die Ganeschas Liebe zum Essen darstellen.

Im Dezember oder Januar feiern Schaivas »Pileyar Perungkathai« – »Ganeschas große Geschichte«. Während 20 Tagen werden im Tempel jeden Abend die Geschichten von Ganescha gelesen. So erfahren die Kinder zum Beispiel, warum Ganescha einen Elefantenkopf hat und ein Stosszahn abgebrochen ist. Da ich leider nur geringe Tamil-Sprachkenntnisse habe, konnte ich inhaltlich sehr wenig verstehen, dafür aber dem immer wieder aufbrandenden Gelächter entnehmen, dass auch lustige Geschichten dabei waren. Vinayakacathurti, das höchste Ganescha-Fest, findet nach dem Mondkalender meist im September statt. In Mumbai (früher Bombay) werden unzählige Ganescha-Statuen aus Lehm auf Altären in Häusern und Straßen aufgestellt. Einige Tage verehren die Gläubigen in diesen Darstellungen das Göttliche mit regelmäßigen Gottesdiensten, Musik und Tanz. Am letzten Tag werden die Statuen verabschiedet und in fröhlichen Prozessionen zum Meer gebracht, wo man sie unter Jubel in den Fluten versenkt. Dieser Brauch fand auch Eingang in die Witzesammlung von Khushwant Singh.³⁰

»Ein Muslim, ein Sikh und ein Hindu-Priester saßen in einem Boot, das Leck schlug. Das Boot begann sich mit Wasser zu füllen und es sah danach aus, dass alle drei ertrinken würden.
Der Muslim betete zu Allah: ›Großer und allmächtiger Allah! Du bist mitleidsvoll und gnädig. Rette deinen gläubigen Diener vor dem Verderben. Ich verspreche, dass ich viele zusätzliche Gebete verrichten und zusätzliche Fastenzeiten halten werde, wenn du mich errettest.‹
Und siehe, was geschah! Vom Himmel griff eine Hand nach unten, griff den Muslim und brachte ihn wohlbehalten an Land.
Der Sikh streckte seine Hände gegen den Himmel und schrie: ›Gnädiger Waheguru! Rette deinen gläubigen Sikh und ich verspreche dir, hundert Akhand Path* zu halten.‹
Und siehe, was geschah! Wieder griff eine Hand vom Himmel nach unten, griff den Sikh und brachte ihn wohlbehalten an Land.
Nun begann der Hindu-Priester zu beten: ›O du allmächtiger und allweiser Ganapati! Rette mich so, wie die anderen beiden durch ihre Götter gerettet wurden.‹
Und siehe, was geschah! Ganapati selber kam hinunter vom Himmel und begann im Boot den Tandava** zu tanzen, sodass es heftig erschüttert wurde. ›Ganapati‹, schrie der arme Priester, ›wenn du so weiter machst,

wird das Boot sinken.‹ Darauf antwortete der Gott glücklich: ›Ihr Menschen ertränkt mich jedes Jahr in Flüssen und Meeren. Nun will ich das Gleiche tun mit dir.‹«[31]

(*»Akhand Path«: ununterbrochene Lesung des Heiligen Buchs während rund 48 Stunden.

**»Tandava«: »gewaltiger Tanz«; vor allem bekannt von Schiva, der deshalb als »Schivanataraj«, »Schiva, König des Tanzes«, bezeichnet wird.)

Ganeschas Volkstümlichkeit wird hier betont. Die Anekdote ist mit Krischnas »Lila« zu vergleichen. Dass in diesem Witz ein Muslim und ein Sikh bevorzugt behandelt werden im Gegensatz zum Hindu, könnte darauf hinweisen, dass der Witz von einem Sikh in Umlauf gebracht worden ist.

Über Ganescha gibt es unzählige humoristische Geschichten. Die folgende zeigt die Variante aus der Sicht von Vaischnava und von Schaiva:

»Die Göttin Durga wollte wissen, wer sie am meisten liebt. Dies sagte sie den Göttinnen Sarasvati, Lakschmi, den beiden Göttern Ganescha und Kartik (= Murugan). Dieser Liebesbeweis sollte so vollbracht werden, indem die vier das ganze Universum umkreisen sollten. Sarasvati setzte sich auf ihren Schwan, Lakschmi auf die Eule, Kartik auf den Pfau und sie flogen los. Ganeschas Reittier war eine Ratte, so konnte er nicht fliegen. Er ging gemütlich dreimal um Durga herum und setzte sich ihr zu Füßen. Als die anderen drei in kürzester Zeit zurück waren, sahen sie Ganescha sitzen und dachten, er wäre noch nicht einmal gestartet. Da sagte er, dass das ganze Universum in Durga enthalten sei. Deshalb genüge es, dass er sie umkreist habe.«[32]

Bei der schivaitischen Variante machen nur Ganescha und Murugan den Wettlauf. Diese Geschichte gibt es auch als Bilderbuch für Kinder.

Lee Siegel schildert eine weitere Variante, bei der der Gewinner die schöne Buddhi erhalten sollte. Der Wettlauf war zwischen Ganescha und seinem Bruder Kumar. Brahm erklärte Ganescha zum Gewinner. Ganescha und Buddhi lachten. Kumar wurde sehr böse und hätte Ganescha getötet, wenn ihn dieser mit seinem Gelächter nicht angesteckt hätte. Schließlich lachte der ganze Himmel![33]

Hanuman, der Affengott

Hanuman ist ein hinduistischer Gott, der sich als Affe manifestiert und sich im Hinduismus großer Popularität erfreut. Im Epos Ramayana wird die Geschichte erzählt, wie er Rama unterstützte. Einzelne Teile sind durch eine Situationskomik sehr humoristisch. So zum Beispiel, wie Hanuman mit brennendem Schwanz flüchtete, als die Dämonen Rakschasas versuchten, Hanuman zu verbrennen.

Die beliebteste Darstellung ist aber diejenige, wie Hanuman den ganzen Berg Kailâsa auf einer Hand trägt, als er ein bestimmtes Heilkraut bringen sollte, aber nicht wusste, wie es aussieht. Deshalb brachte er statt dessen den Berg, auf dem es wachsen sollte.[34] Diese Geschichte soll es auch als Trickfilm geben.[35]

Indische spirituelle Meister pflegen den Humor

Ob Swami, Guru oder gewöhnlicher Priester, sie haben oft eine gemeinsame Eigenschaft: Sie setzen den Humor als Mittel der Belehrung ein. Die schillernde Persönlichkeit des Chandra Mohan Jain (1931-1990) sorgte immer wieder für Schlagzeilen. Ob er als »Rajneesh«, »Bhagwan« oder »Osho« auftrat, ist nicht wichtig. Immer ging es ihm auch darum, zu provozieren – nicht als Hauptzweck, sondern um den Weg zur authentischen religiösen Erfahrung freizumachen. Die ganze Neo-Sannyas-Bewegung war von ihm streng genommen auf Verulkung der Tradition angelegt. So nannte er seine Schülerinnen und Schüler »Sannyasin« (Asketen), die Männer erhielten den Beinamen »Swami« (religiöser Lehrer), alle trugen bis September 1985 Kleidung und Attribute von Bettelmönchen: orange oder rote Kleidung und eine Mala (Halskette) mit 108 Holzkugeln und seinem Bild. Lachen, beziehungsweise Humor, war für Osho der höchste spirituelle Wert, Ernsthaftigkeit dagegen eine Krankheit. Dementsprechend enthalten seine Vorträge Hunderte von zum Teil recht gewagten Witzen (der einzige Teil seiner Vorträge, den er vom Blatt las).[36]

Damit war er in bester Gesellschaft. Harry Aveling schildert in seinem Buch »The Laughing Swamis« die Geschichte der Lachenden Swamis.[37] Sie machten nichts anderes als lachen, Tag und Nacht. Sie lachten immer und überall. Als einer der drei starb, wollten die Leute wissen, was die Überlebenden nun tun würden. Auf jeden Fall musste ein Verstorbener verbrannt werden. Aber auch jetzt lachten die beiden. Sie banden die Leiche auf eine Bambustrage und brachten sie zum Kremationsplatz, wie das Hindus tun. Sie lachten und lachten. Da gab es keine Traurigkeit, nur Lachen. Sie brachten Blumen und Lachen, Blumen und Lachen. Sie legten den toten Körper auf den Scheiterhaufen ohne die üblichen Rituale, wie das Baden der Leiche in Gangeswasser und alle anderen Dinge. Der verstorbene Swami hatte nämlich ein Vermächtnis gemacht, dass er in den Kleidern, so wie er starb, verbrannt werden wollte. Die Leute sollten über ihn keine Träne vergießen, nicht bedauern, dass er gestorben war, sondern sie sollten zum Lachen gebracht werden. So steckte er überall in seine Kleidung Kracher, die explodierten, als die Flammen den Körper erfassten. Alle lachten herzlich. Dieses war die Geschichte des Swami, der lachte, als er lebte und die Leute zum Lachen brachte, als er starb.

Humor ist allgemein ein wichtiger Bestandteil der Unterweisung durch hinduistische spirituelle Lehrer und Lehrerinnen, wie ich bei Begegnungen immer wieder feststellen konnte. Obwohl ich sprachlich oft den Ausführungen nicht ganz folgen konnte, reichte die Mimik und Gestik, um zu verstehen, dass die Zuhörenden immer wieder in Lachen ausbrachen. Das Tuch, das zur traditionellen Bekleidung einer Hindufrau gehört, diente zum Beispiel einem weiblichen Guru als Mittel, um zu zeigen, wie sich Menschen verstecken.

Yoga

Ob sich Hasya Yoga, das Yogalachen, aus solchen oder ähnlichen Erlebnissen bildete, ist nicht sicher, aber durchaus möglich. Madan Kataria, ein praktischer Arzt aus Bombay, soll diese Form des Yoga 1995 erfunden haben.[38] Er selbst hat Yoga studiert und in einer der »popular Yoga institutes« in Mumbai unterrichtet. Als er einen Artikel mit dem Titel »Lachen ist die beste Medizin« verfassen wollte, kam ihm die Idee, einen Lach-Club in Mumbai zu gründen. Er ging in einen der öffentlichen Parks und fing an Witze zu erzählen. Die Leute lachten, kamen wieder, jedoch nach zwei Wochen war der Vorrat an guten Witzen erschöpft. Zweideutige oder diskriminierende Witze sind in Indien verpönt, sodass Dr. Kataria sich etwas Neues einfallen lassen musste, um die Leute, die ferngeblieben sind, zurückzuholen und zum Lachen zu bringen. Nur wie? Wenn das Lachen über Witze nicht mehr funktioniert, was dann? Warum nicht Lachen und Yoga miteinander verbinden? So entwickelte er verschiedene Lachübungen, die hauptsächlich auf der Tiefenatmung des Yoga basieren.[39] Unterdessen hat das Lach-Yoga auch in Europa Ableger. Viele sind im »hoho-haha Verband der deutschen Lach-Yoga-Therapeuten e.V.« zusammengeschlossen. Das Yogalachen hat sogar bei Wikipedia unter dem Stichwort »Lachyoga« einen Eintrag gefunden.[40] Allerdings sind wir mit diesem Abschnitt an der Grenze des Hinduismus angelangt. Yoga hat im Westen größtenteils die spirituellen Wurzeln verlassen und ist vielmehr im Therapie- und Wellnessbereich angesiedelt. Richtigerweise ist Yoga ein Teil der hinduistischen Frömmigkeit. Der Sanskritbegriff »Yoga« leitet sich von »yuj«, »jochen, anschirren«, ab. Yoga heißt also »das Anschirren«. Gemeint ist dabei das Anschirren an Gott. Somit bewegt sich Dr. Kataria in einem Grenzbereich.

Die folgende Anekdote über den indischen Yogalehrer Dr. Jayadeva Yogendra (1897-1989) führt uns wieder in unseren Bereich »Religion« zurück. Erzählt wurde sie mir von Catherine Felder, einer seiner Schülerinnen, die seit vielen Jahren in seiner Tradition als Yogalehrerin arbeitet.

»Zu Dr. Jayadeva Yogendra im Yoga Institut Mumbai kam ein älterer Mann aus dem Westen. Er war von den Asanas sehr beeindruckt und fragte den Meister, was er tun sollte in seinem Alter, um auch so gelenkig werden zu können. Der Meister sagte ihm: ›Gehe zum Zirkus und schau den Artisten zu!‹«

Der Yogi, ein »Athlet des Geistes«[41] steht über den Anfechtungen der Welt. Seine Haupttätigkeit ist die Meditation. Dass auch ein Yogi ein Mensch mit allen Schwächen ist, wird von einigen spirituellen Meistern thematisiert und häufig humoristisch wiedergegeben. Die folgende Zeichnung stammt aus Indien und ist selbstironisch gemeint.

»Es heißt LSD.
Ich habe es von einem Hippie –
keine Probleme mehr mit
Meditieren, Konzentrieren usw.«

Yoga findet auch Eingang in die westlichen Witze und Karikaturen. Sie zeigen, dass uns die Körperbeherrschung fasziniert, wir aber mit dem religiösen Hintergrund nicht viel anfangen können, wie folgender Witz illustriert:

»Von all den Fledermäusen im Schlossturm hängt nur eine einzige mit dem Kopf nach oben. Sie macht Yoga.«

Wo lachen Hindus?

Hindus sind Menschen wie wir und lachen dann, wenn etwas lustig ist. Einen »hinduistischen Humor« gibt es nicht, aber manchmal eine hinduistische Art des Umgangs mit täglichen Problemen. Humor ist oft eine Möglichkeit, Fragen der Religion und dem Umgang damit lockerer anzugehen. Als Beispiel seien hier aus den »Rules-of-the-road – Indian style«⁴² zwei Artikel angeführt. Wer sich unter dem Begriff »Chaos« nichts vorstellen kann, sollte sich nur eine halbe Stunde im indischen Verkehr bewegen! In dieser ironischen »Straßenverkehrsordnung« werden mehrere Punkte aus dem Hinduismus humoristisch aufgenommen:

»Artikel I: Die Annahme der Unsterblichkeit ist für alle Straßenbenutzer erforderlich.
Artikel II: Der indische Verkehr ist wie die indische Gesellschaft in einem strikten Kastensystem strukturiert.
Die folgende Rangordnung muss jederzeit eingehalten werden.
In absteigender Reihenfolge geben Sie den Vortritt: Kühen, Elefanten, großen Lastwagen, Bussen ...«

Der nächste Witz befasst sich mit der Frage der Wiedergeburt:
*»Ein Schimpanse studiert die Handfläche eines anderen: ›Ich sehe eine schlimme Zukunft für sie. Sie werden als Mensch wiedergeboren.‹«*⁴³

Der Hinduismus gilt als tolerant. Bei Missionsversuchen, die fast ausschließlich von Christen initiiert werden, kann die Toleranz des Hinduismus ihre Grenzen erreichen. Auch das kann in einem Witz ausgedrückt werden:

»Ein begeisterter Christ versuchte, einen Hindu zur Konversion zu führen, erreichte aber nichts. ›Die Sache ist die‹, argumentierte der frustrierte Christ, ›sie müssen wiedergeboren werden!‹ ›Aber ich wurde bereits wiedergeboren!‹ insistierte der Hindu. ›Und immer wieder und wieder und wieder ...‹«[44]

Bei manchen Anekdoten wissen wir nicht, ob sie tatsächlich geschehen oder gut erfunden sind, so wie die folgende:

»Ein Mann besuchte einen berühmten Hindu-Tempel wie Millionen Pilger. Als er auf den Hügel stieg, fragte ihn ein Bettler nach Almosen. Der Mann wies auf ein Schild, auf dem vor Bettlern gewarnt wurde und darauf hinwies, dass das Betteln in der ganzen Gegend strikt verboten ist. Der Bettler lachte und zeigte auf die Scharen von Pilgern, die zum Tempel stiegen. ›Sind dies nicht auch alle Bettler? Sie betteln von Gott, ich bettle von ihnen.‹«[45]

Auch der große Heilige Ramakrishna (1836-1886) hat sehr viel Humor in seine Unterweisungen einfließen lassen, so zum Beispiel das Folgende:

»Gott wohnt auch im Tiger, aber das ist kein Grund, den Tiger zu umarmen.«[46]

»Hilf dir selbst, so hilft dir Gott«, stammt zwar nicht von Ramakrishna, könnte aber durchaus von ihm auch gebraucht worden sein. Die folgende Geschichte von ihm zeigt dies:

»Ein Dhobi (= Wäscher) hatte die Wäsche gewaschen und auf einer Wiese zum Trocknen ausgelegt. Da kam ein Büffel und begann, über die frisch gewaschene Wäsche zu gehen. Dabei hinterließ er natürlich hässliche Spuren. Der Dhobi betete zu Schiva: ›Maheschvara! Bitte hilf mir, dass der Büffel nicht die ganze Wäsche ruiniert!‹ Der Büffel ging weiter. Parvati sagte zu Schiva: ›Tu doch etwas für deinen Anhänger!‹ Schiva reagierte nicht. Der Dhobi betete ganz inständig: ›Maheschvara! Bitte, bitte, bitte hilf mir!‹ Parvati sagte: ›Nun tu doch endlich etwas!‹ Wieder gab Schiva keine Antwort. Da nahm der Dhobi einen Stein und warf ihn gegen den Büffel, sodass dieser wegrannte. Da meinte Schiva zu Parvati: ›Warum soll ich ihm helfen, wenn er sich ja selber helfen kann?‹«[47]

Kastenwesen

Gemäß der sogenannten Karma-Lehre erfolgt die Geburt des Menschen in einer bestimmten Kaste. Der Begriff Kaste (portugiesisch/spanisch: »casta« – Rasse, von lateinisch »castus« – rein, frei von Fehlern) bezeichnet im Hinduismus die religiös begründete Gliederung der Gesellschaft. Traditionell gibt es vier Kasten: Brahmanen = Priester; Kschatriya = Krieger und Könige; Vaischya = »Mann des Volkes«, Bauern und Handwerker; Schûdra, die unterste Kaste. Im Verlauf der Zeit hat sich die hinduistische Gesellschaft in mindestens 2000 Kasten und Unterkasten aufgespaltet.

Daneben gibt es noch die »Kastenlosen«, Unberührbare, die von Mahatma Gandhi beschönigend »Harijan« – »Leute Gottes« – genannt wurden.

Die »Dalit« (Hindi: »Unterdrückte«) wie sie sich selber benennen, sollten durch Gesetze, so zum Beispiel mit Quotenregelungen für die Zulassung zu Studien- und Arbeitsplätzen, gefördert werden, sind aber nach wie vor benachteiligt.

Das Kastenwesen – oder müsste man nicht eher sagen »Kastenunwesen«? – ist zwar nach Verfassung und Gesetz aufgehoben, die soziale Wirklichkeit sieht leider anders aus. Inder sprechen mit westlichen Menschen nicht gerne darüber. Oft verleugnen sie den Sachverhalt und behaupten, dass es »früher« die Kasten gegeben hätte, dies aber heute nichts mehr bedeute.

Es gibt einige Bemühungen, mit diesem Problem umzugehen. Die erste Möglichkeit ist die Konversion – entweder zum Buddhismus oder zum Christentum.

Bhimrao Ramji Ambedkar (1891-1956) war ein hoch gebildeter Mann, aber ein Dalit. Er propagierte die Massenkonversion zum Buddhismus. Am 14. Oktober 1956 trat Ambedkar in Nagpur im Rahmen einer großen Zeremonie gemeinsam mit etwa 388.000 Dalit zum Buddhismus über. Die letzte Massenkonversion fand im Frühjahr 2007 statt. Über »Bahasaheb Ambedkar« und sein Leben und Wirken gibt es sogar einen Comic-Band.[48]

Eine weitere Möglichkeit ist der Humor. So gibt es Witze, Karikaturen und Cartoons, die sich mit der Kastenfrage auseinandersetzen, wie die folgenden Beispiele zeigen:

»Chandramurthi fragte seinen Nachbarn S. Jha, ob er ein Muslim, ein Christ, ein Kschatriya oder ein Schudra sei. Jha war erzürnt und sagte: ›Ich

bin erstaunt über Ihre Unwissenheit! Jhas sind Hindu Maithili Brahmanen von den höchsten Kasten.‹ ›Wie ich sehe, sind sie also ein Hinduja‹, antwortete ihm Chandramurthi.«*[49]

(* Der Hinduja-Clan gilt als die reichste Familie Indiens. Ob jetzt dieser Herr Jha tatsächlich zu diesem Clan gehört, ist natürlich eine andere Frage.)

Im folgenden Witz wird das gleiche Thema behandelt. Auffällig ist, dass sogar der Muslim als vorbildlich dargestellt wird im Gegensatz zum Brahmanen:

»Ein Dalit ging zum Zahnarzt, um ein Loch zu behandeln. Nach der Arbeit fragte der Dalit nach dem Preis und dieser sagte: ›Nein, nein ... ich würde nie einem armen Chandalla* etwas berechnen.‹ Der Dalit dankte ihm und ging. Als der Zahnarzt am nächsten Tag in seine Praxis kam, fand er einen Korb voll mit Früchten.*
Dann besuchte ein muslimischer Mullah den Zahnarzt. Nach getaner Arbeit fragte der Mullah, was er schuldig sei. Der Zahnarzt sagte: ›Oh nein, niemals würde ich von einem gläubigen Anhänger von Allah etwas verlangen!‹ Der Mullah dankte ihm und ging.
Als der Zahnarzt am nächsten Tag in seine Praxis kam, fand er herrliche Biriani (islamische Spezialität).
Ein Brahmane besuchte den Zahnarzt für eine Kontrolle und eine Füllung. Als alles erledigt war, fragte er, was er zu bezahlen hätte. Der Zahnarzt sagte: ›Oh nein, niemals würde ich von einem Brahmanen etwas verlangen!‹ Der Brahmane dankte ihm und ging.
Als der Zahnarzt am nächsten Tag in seine Praxis kam, fand er ... vier andere Brahmanen, die auf ihn warteten!«[50]

(* »Dalit«, »Chandalla«: Kastenlose)

Die Brahmanen mögen wohl die höchste Kaste sein, das heißt aber noch lange nicht, dass sie auch die gesellschaftliche Achtung genießen, die damit verbunden sein sollte. Dies äußert sich auch in Witzen, wie wir bereits gesehen haben. Zum Abschluss dieses Abschnitts folgt noch ein Witz, dessen Pointe auch bei uns zu finden ist.

»Ein Brahmane und ein Rajput teilten sich ein Zugsabteil. Früh am Morgen rezitierte der Brahmane laut Mantras. Dies ärgerte den Rajput, weil er noch schlafen wollte. Er fragte den Brahmanen: ›Hallo Pandu**, warum schreien Sie so laut?‹ ›Ich verscheuche die Elefanten,‹ antwortete*

der Brahmane. ›Aber hier hat es weit herum keine Elefanten. Außerdem, nie konnte ein Elefant in diesen Zug gelangen,‹ sagte der Rajput. ›Da sehen Sie, wie effektiv es ist!‹«[51]

(*Angehöriger einer Kriegerkaste.

** Slangausdruck für »Pandit« = Gelehrter)

Beinahe täglich gibt es neue Witze und Scherzfragen über Brahmanen.

Gebete

Hindus sind Menschen wie wir und haben deshalb Wünsche, Krankheiten und Probleme wie wir. Der Glaube und der Humor helfen – oft in Kombination – mit dem Anliegen umzugehen. Hier folgen zwei Anekdoten über Gebete. Die erste ist ein Wanderwitz, den wir auch im Christentum finden:

»Ein lediges Mädchen betete: ›Oh Bhagwan, ich habe dich noch nie um irgendetwas gebeten. Aber bitte, gib meiner Mutter einen Schwiegersohn.‹ Bhagwan erhörte das Gebet des Mädchens. Ihre Schwester fand einen Ehemann!«[52]

»Banta Singh hatte mit seiner Frau einen fürchterlichen Streit. In seiner Wut betete er laut: ›O Bhagwan! Nimm mich weg von dieser Welt!‹ Seine Frau betete: ›O Bhagwan! Nimm mich weg von dieser Welt!‹ Banta Singh berichtigte sein Gebet: ›O Bhagwan! Erhöre ihr Gebet!‹«[53]

Holi, das Fest der Farben

Die meisten indischen Feste sind farbig und lebensbejahend. Das Frühlingsfest Holi ist aber das farbigste und ausgelassenste Fest in Indien. Und das will etwas heißen. Es gibt verschiedene Wurzeln und Überlieferungen für den Ursprung von Holi. Es ist ein Erntefest und ein »welcome-festival for the spring season« (»Willkommens-Festival für den Frühling«).[54]
Der Legende nach sollte der kindliche Prinz Prahlada von seinem Vater überredet werden, ihm alle göttliche Ehre zu erweisen. Der Junge jedoch verehrte weiterhin nur Gott Vischnu. Mit verschiedenen Mitteln versuchte

nun der König seinen Sohn zu töten, jedes Mal jedoch griff Vischnu selbst ein und rettete das Kind. Schließlich griff der König zu einer List: Seine Schwester Holika, die durch besondere Kräfte vor dem Feuer geschützt war, sollte mit Prahlada auf dem Schoß ins Feuer springen und ihn so verbrennen. Aber die Flammen verschonten das Kind und von Holika blieb nur ein Häufchen Asche. Danach feiern die Menschen als Erinnerung an die Vernichtung der Dämonin das Fest Holi.[55] An Holi scheinen alle Schranken durch Kaste, Geschlecht, Alter und gesellschaftlichem Status aufgehoben. Es wird ausgelassen gefeiert und man besprengt und bestreut sich gegenseitig mit gefärbtem Wasser und gefärbtem Puder. Humor im Hinduismus? Mindestens an Holi dürfte dies sicher stimmen.

Tod und Sterben

Hindus haben normalerweise einen unverkrampften Umgang mit dem Tod im Gegensatz zu der Mehrheit der westlichen Menschen. Ein wichtiger Faktor dafür dürfte sicher der Glaube an die Wiedergeburt sein. Die Kremation geschieht auf öffentlichen Verbrennungsplätzen. Das heißt allerdings nicht, dass Hindus nicht am Leben hängen. Es gibt zu diesem Thema einige Witze und Anekdoten. Zwei folgen hier als Beispiel:

»Eine arme alte Witwe trug ein Bündel Feuerholz auf dem Kopf und war auf dem Heimweg. Sie war sehr müde und schrie laut: ›Yama, du entbindest andere Menschen von ihrer Last, indem du sie hinweg nimmst, warum vergisst du diese elende alte Frau?‹ Unvermutet erschien Yama, auf seinem Stier reitend. ›Komm mit mir, ich hörte deine Klage. Steige auf meinen Stier hinter mir.‹*
›Nein, mein Sohn‹, klagte die Frau, ›ich wollte nur jemanden, der mir hilft, dieses Bündel Feuerholz auf meinem Kopf heimzutragen. Ich kann mir selber helfen.‹«[56]
(* Yama ist der Gott des Todes)

Das zweite Beispiel wurde von Ramakrishna und von seinen Anhängern weiter gegeben und soll einen ernsthaften Kern haben:

»Zwei Freunde gehen zum Tempel. Ihr Weg führt sie durch das Rotlichtviertel. Der eine der beiden geht schnurstracks seinen Weg weiter zum

Tempel. Der zweite hingegen lässt sich von einer Prostituierten bezirzen und folgt ihr ins Haus. Später geht er mit einem ganz schlechten Gewissen und Gedanken an Gott in den Tempel. Der erste ist im Tempel angekommen, aber denkt unentwegt an die sexuellen Genüsse, die ihm entgangen sind.

Bald sterben beide Männer und werden von Yama geholt. Der Hurengänger wurde zu Gott geführt, den anderen schickte er wieder auf die Erde zurück. Auf seinen Protest sagte Yama: ›Dein Freund ging zwar zu einer Hure, aber war mit seinen Gedanken bei Gott. Du hingegen bist in den Tempel gegangen, warst aber mit deinen Gedanken immer bei den Prostituierten. Deshalb gehst du auf die Erde zu diesen zurück. Die Gedanken sind für Gott wichtiger als die Taten.‹«[57]

Hindus und die moderne Zeit

Indien ist ein Anachronismus. Ochsenkarren und modernste Computeranlagen werden nebeneinander benutzt. Auch in viele Hindutempel hat die Technik Eingang gefunden. Dies vor allem in Form von leistungsfähigen Verstärkeranlagen, mit denen oft zum Leidwesen der gläubigen, anders- oder ungläubigen Nachbarschaft die nähere Umgebung beschallt werden kann. Immer mehr größere Tempel haben eine eigene Homepage. Es gibt sogar ein »Indian temples portal«.[58] Viele Hindus üben die Rezitation von Mantras, meist kurzen, formelhaften Wortfolgen. Das Rezitieren eines Mantras kann dem Freisetzen mentaler Energien förderlich sein und dient oft auch als Gebet. Um die Mantras »bequemer« rezitieren zu können, gibt es sie auch auf CDs. Es gibt sogar Lautsprecher mit eingebauten Mantras, wo mit einem Schalter der gewünschte Mantra eingestellt werden kann. Im Tempel ist »Arti« (oder »Arati«; ein Gottesdienst) ein übliches Ritual. Hier als Beispiel der erste Vers eines bekannten Arti:

»*Om jay jagdisch hare, swami jay jagdisch hare.*
Brahma Vischnu Sadaschiv, Brahma Vischnu Sadaschiv.
Arddha-ange dharaa, Om jay jagdisch hare.«

Hier wird Gott als der Herr und Schöpfer der Welt in seiner Drei-Form Brahma-Vischnu-Schiva verehrt.

In Anlehnung an ein solches Arti kreierten witzige Hindus ein Arti für »Computer Baba«:

»Om Jai Computer Baba,
Swami Jai Computer Baba
Client logon ke sankat
Tu hi door karta. !! Om!! ...« [59]

Der nächste Witz ist ein typischer Wanderwitz. Dass in einen hinduistischen Witz die christliche Vorstellung von Himmel und Hölle eingebracht wird, sei nur am Rande erwähnt. Thematisiert wird in erster Linie der fürchterliche Verkehr und der Paragraph 1 der indischen Verkehrsregeln: Der stärkste hat immer Vortritt! Daneben kommt wieder einmal mehr ein Seitenhieb gegen Priester, beziehungsweise Brahmanen.

»Ein Hindu-Priester und der Chauffeur eines Busses starben am gleichen Tag. Sie erschienen vor Dharamraj, dem Gott des Todes, um über ihre Taten Rechenschaft abzulegen, der dann entscheiden würde, ob sie in den Himmel oder die Hölle gelangen sollten. Der Priester brachte vor, wie er die Leute dazu anhielt, den Namen Rama zu gebrauchen. Dharamraj: ›Du machtest daraus ein Geschäft. Geh zur Hölle!‹ Ohne den Chauffeur zu fragen, ordnete Dharamraj an, dass er im Himmel einen Platz erhalten soll. Der Priester protestierte gegen diese vermeintliche Ungerechtigkeit. Er erhielt zur Antwort: ›Jedes Mal, wenn jemand den Bus betrat, sagte er »Jai Ram« und wiederholte den heiligen Namen, bis er den Bus wieder verließ.‹«

Tempel und Gottesdienst

Humor kann auch im Tempel seinen Platz haben, sei es durch bildliche Darstellungen der beschriebenen »Lila« oder durch das Erzählen von »Ganeschas großen Geschichten« (»Pileyar Perungkathai«).

Wenn ein Kleinkind die erste feste Nahrung erhält, bringen es die Eltern in den Tempel. Nach einer Segnung gibt der Priester dem Kind den süßen Brei mit dem Finger. Das ist eine fröhliche Sache, besonders dann, wenn das Kind so viel Geschmack an der Speise findet, dass es den Finger des Priesters nicht mehr loslassen will.

Vijeyadasami ist der zehnte Tag des Göttinnenfestes Navaratri und ist Saraswati, der Göttin für das Lernen und der Künste, gewidmet. Eltern gehen mit den Kleinkindern in den Tempel. Der Priester schreibt mit dem

Kinderfinger die ersten Buchstaben in Reis auf einem Teller oder Plate. Auch dies ist eine fröhliche Angelegenheit.

Dies ist nur eine kleine Auswahl an Gelegenheiten für Humor im Tempel.

Wo wird über den Hinduismus gelacht?

Die Grenze zwischen der Innen- und der Außensicht ist häufig fließend. Das heißt, es ist nicht immer auf den ersten Blick ersichtlich, ob ein Witz oder eine Karikatur von Hindus über die eigene Religion oder die von Andersgläubigen in Umlauf gebracht wird. So wie von Nichtmuslimen der Begriff »Mekka« zum Synonym für etwas Besonderes, aber Säkulares verwendet wird, gibt es einige Begriffe im Hinduismus, die ohne den religiösen Hintergrund gebraucht werden. Dies sahen wir bereits beim Yoga.

Für die meisten Hindus ist die Kuh unantastbar. Selbst jenen, denen sie nicht »heilig« sondern lediglich ein wichtiges Symbol ist, hat sie doch einen besonderen Stellenwert und das Töten von Kühen ist für die meisten undenkbar.

Der Begriff »Heilige Kuh« bezeichnet im übertragenen Sinn in der Umgangssprache ein Tabu, also etwas, das nicht angetastet werden darf oder an dem nichts zu rütteln ist. Diese Art Verwendung des Begriffs interessiert uns hier nicht, sondern diejenige, welche die ursprüngliche Bedeutung »Heilige Kuh« zum Gegenstand hat.

Der folgende Witz stammt aus Indien:

»Haben Sie von der legasthenischen Kuh gehört, die die Erleuchtung erlangt hat? Sie hörte nicht mehr auf zu wiederholen Oooooommmm!« *
(* »OM« (oder »AUM«) ist der Ur-Mantra und wird von vielen Hindus beinahe unablässig rezitiert.)

Grenzen des Humors

Wie wir gesehen haben, ist der Hinduismus sehr tolerant und lässt einiges zu. So dürfen Götter abgebildet werden und dies oft sogar in lächerlich erscheinenden Situationen oder Posen. Es gibt allerdings Grenzen, die für uns Außenstehende nicht leicht zu erkennen sind. Wenn beispielsweise mehr oder weniger junge Leute »Oooooommm, Oooooommm« summen, mag das für die Beteiligten lustig erscheinen. Für einen gläubigen Hindu ist es aber ein Sakrileg, weil »Om« ein heiliger Mantra ist.

Der Schweizer Detailhandelsriese Migros hat im Herbst 2005 in allen Filialen Tragetaschen abgegeben, worauf der elefantenköpfige Gott Ganescha abgebildet war. Der Zeichner setzte dabei dem Gott die Fantasiefigur Lilibiggs auf die Knie. Außerdem hält Ganescha in jeder seiner vier Hände verschiedene Bilder. Hindus waren über diese blasphemische Darstellung verletzt.

Krischna auf Toilettenpapier? Nichts ist dumm genug, als dass es nicht gemacht würde. Bis jetzt ist es glücklicherweise beim Versuch geblieben.[60]

Helmut Kohls Spendenaffäre hat den Karikaturisten Ernst Maria Lang zu der folgenden Zeichnung inspiriert.[61] Er hat den »Hel-Mut Shiva-Spendati« als Denkmal in Delhi gezeichnet. Als Vorlage verwendete Lang den »Schiva Nataraj«.

E. M. LANG   Ein Denkmal in Delhi

Hel-Mut Shiva-Spendati

»Das muss der Gott der Steuerbeamten sein!« So betitelte der Zeichner Hapé die nächste Zeichnung.[62]

Reaktionen von Hindus erfolgen sehr selten auf die Verwendung von heiligen Symbolen oder Göttern für Karikaturen und Cartoons. Ganz abgeklärt sagte mir ein Hindu, der seit 30 Jahren in der Schweiz lebt: »Du weißt ja, wie hier der Hinduismus behandelt wird. Die Leute kennen ihn nicht und sehen nur die Farben und Formen und nehmen daraus, was ihnen gerade passt und merken nicht, dass sie uns verletzen könnten.«

Zusammenfassung

Humor hat schon in den ältesten Schriften seinen Platz. »Lila« – das göttliche Spiel – zeigt, wie die Inkarnationen der Götter den Menschen Anlass zur Freude und zum Lachen geben. Die Götter und eben diese Spiele dürfen bildlich und bildhauerisch mit dem nötigen Respekt auch humorvoll dargestellt werden. Es gibt einige humoristische Geschichten über die Götter. Auch im Tempel darf durchaus gelacht werden. Die Grenzen werden dort überschritten, wo Götter oder heilige Symbole lächerlich gemacht werden.

Anmerkungen

[1] www.inforel.ch/i22e01
[2] So zum Beispiel im Sûrya-Tempel in Konarak, Orissa.

[3] Prabhu darschan. Âratî Samgraha. Southall o.J. und Seitenzahlen.

[4] Der Rig-Veda. Aus dem Sanskrit übersetzt und mit einem laufenden Kommentar versehen von Karl Friedrich Geldner. Leipzig 1951. 4 Bde. Band 3, S. 118f. (Erklärender Kommentar von Geldner).

[5] ebd. S. 119.

[6] Der Rig-Veda. Bd.1: 1.23.12.

[7] Otto Böhtlingk: Sanskrit-Wörterbuch in kürzerer Fassung. Petersburg 1879-1889. Unveränderter Nachdruck. Delhi 1991. 3 Bände. Band 2, S. 228.

[8] www.himalayanacademy.com/resources/books/lg/lg_glossary.html

[9] Walter Eidlitz: Die indische Gottesliebe. 1936 (Download-Version). S. 16.

[10] Rainer Buland: Spielitualität. Der spirituelle Weg im Spiel: Lîlâ, Krîdâ und Playing Arts. Salzburg 2005.

[11] Für eine ausführliche Beschäftigung mit dem Begriff »Lila«: Bettina Bäumer: Schöpfung als Spiel. Der Begriff lîlâ im Hinduismus, seine philosophische und theologische Deutung (veröffentlichte Dissertation, München 1967) München: UNI-Druck 1969.

[12] Severin Leuenberger: http://www.caitanya.ch/caitanya.htm

[13] Ganga Ram Garg: An encyclopedia of Indian literature. Tri Nasgar. Delhi 1982. S. 358.

[14] Walter Eidlitz: Die indische Gottesliebe (Download-Version). 1936.

[15] A.C. Bhaktivedanta Swami Prabhupada: Der Nektar der Hingabe. Die umfassende Wissenschaft des bhakti-yoga. New York/Los Angeles/London/Bombay 1977. S. 159.

[16] ebd.

[17] ebd.

[18] His Divine Grace A.C. Bhaktivedanta Swami Prabhupada: Krsna, die Quelle der Freude. Eine Zusammenfassung des Zehnten Cantos. 2 Bände. 1987.

[19] ebd. Band 1, S. 383.

[20] ebd. Band 1, S. 151ff.

[21] ebd. Band 2, Farbtafel bei S. 169.

[22] ebd. Band 2, S. 327ff.

[23] Aus: Christ und Hindu in Vrindaban. Köln 1968.

[24] http://de.wikipedia.org/wiki/Comic

[25] Krishnas Geburt und die Vernichtung Putanas. Vaduz 1984.

[26] Gopal der Unbesiegbare. Illustrationen von Sunita devi dasi. Nacherzählt von Yogesvara dasa und Jyotirmayi devi dasi. Bala Books, Italy. BBT, 1984.

[27] Krishna. Amar Chitra Katha. Mumbai Repr. 2005.

[28] ebd. S. 11-15.

[29] Varaha Purana, 23, 5-15, zitiert von Lee Siegel: Laughing Matters. Comic Tradition in India. Delhi 1989. S. 6.

[30] Siehe dazu auch das Kapitel »Religionen in Indien«.

[31] Khushwant Singh's Joke Book III. S. 78.

[32] Mündlich von Ram Mitra.

[33] Siegel, a.a.O. S. 3.

[34] Benjamin Walker: Hindu World. An Encyclopedic Survey of Hinduism. First publ. London 1968, Band 1, S. 425.

[35] Mündliche Mitteilung von Ram Mitra, der den Film oder die Filme leider nicht besitzt.

[36] http://de.wikipedia.org/wiki/Osho

[37] Harry Aveling: The Laughing Swamis. Australian Sannyasin Disciples of Swami Satyananda Saraswati and Osho Rajneesh. Delhi 1994.

[38] www.laughteryoga.org: »Official website of the Dr. Kataria school of Laughter Yoga«.

[39] www.hoho-haha.de/wissenschaft.html

[40] http://de.wikipedia.org/wiki/Lachyoga

[41] Siegel, a.a.O. S. 236.

[42] www-personal.umich.edu/~saha/archives/travel_in_india

[43] Khushwant Singh's Joke Book III, S. 21.

[44] www.beliefnet.com/dailyjoke/DailyJoke.aspx?QID=5507

[45] Khushwant Singh's Joke Book 5, S. 41.

[46] Auf der Seite »1001 Aphorismen« (www.aphorismen.de) sind einige seiner Aussprüche gesammelt. (Autor: »Ramakrishna« eingeben).

[47] Gespräch des Autors mit Ram Mitra.

[48] Amar Chitra Katha, No. 611.

[49] Khushwant Singh's Joke Book III., S. 133.

[50] www.pz10.com/jokes/showjoke/6375.html

[51] www.pz10.com/jokes/showjoke/6373.html

[52] Khushwant Singh's Joke Book IV, S. 44.

[53] Khushwant Singh's Joke Book III. S. 15.

[54] http://hinduism.about.com/od/holifestivalofcolors/a/celebrateholi.htm?nl=1

[55] http://de.wikipedia.org/wiki/Holi

[56] Khushwant Singh's Joke Book III. S. 114.

[57] Gespräch des Autors mit Ram Mitra.

[58] www.indiantemplesportal.com

[59] www-personal.umich.edu/~saha/archives/tejasjoke

[60] Gespräch des Autors mit Vasanthini Sivagnanam.

[61] Karikatur von E. M. Lang. © Süddeutsche Zeitung, 20./21.2.1993.

[62] Inserat der Treuhand-Kammer Schweiz 1995.

Sikh

Einführung

Die Sikh-Religion ist mit etwa 25 Millionen zahlenmäßig eine der kleinsten Weltreligionen, ist aber keinesfalls eine Hindu-Sekte, wie fälschlicherweise immer wieder geschrieben wird.[1] Der Sikhismus wurde von Guru Nanak (1469-1539) in Nordindien begründet. Er lehrte den Glauben an den einen allmächtigen Gott, den Schöpfer. Auf Nanak folgten neun weitere Gurus. Der zehnte, Guru Gobind Singh, formte 1699 aus der Reformbewegung eine eigenständige Religion. Guru Gobind Singh erklärte die Unterschiede der Geburt als aufgehoben, Mann und Frau als gleichberechtigt.

Das heilige Buch der Sikh enthält Teile von 26 Autoren aus unterschiedlichen religiösen Traditionen in verschiedenen Sprachen. 1604 fand unter dem Namen »Adi Granth« der erste »Parkasch« statt, das heißt, das heilige Buch wurde zum ersten Mal in einem Gottesdienst geöffnet und daraus vorgelesen. Guru Gobind Singh vollendete den Adi Granth, benannte ihn um in »Guru Granth Sahib« und erklärte damit sich selbst zum letzten menschlichen spirituellen Meister (Guru), und das heilige Buch als Quelle des Spirituellen zum Guru.

Sikh und Bilder

Sikh und Hinduismus sind beides Religionen, die in Indien ihren Ursprung haben. Die Gläubigen beider Religionen glauben in irgendeiner Art an eine Wiedergeburt. Damit sind die hauptsächlichen Gemeinsamkeiten erschöpft. Einer der größten Gegensätze ist die unterschiedliche Stellung von bildlichen Darstellungen. In einem Gurdwara der Sikh finden wir im Zentrum das heilige Buch »Guru Granth Sahib«, aber keinerlei Darstellung von Gott oder Göttern.

Ansonsten sind Sikh aber nicht bilderfeindlich. So werden ihre zehn Gurus, ihr Leben und ihre Taten nebst weiteren Begebenheiten der Sikh-Geschichte bildlich dargestellt. Dass die Geschichten der Gurus auch als Comics gezeichnet werden, ist kein Verstoß gegen die Ethik, sofern die Darstellung respektvoll ist. Es gibt auch einige Bilderbücher für Sikh-Kinder.[2]

Sikh und Humor

Sikh-Männer erscheinen durch ihr martialisches Äußeres mit Turban, Bart und Schwert oder Dolch als Inbegriff des Kämpferischen. Der Sikhismus basiert auf Toleranz, Liebe zu Gott und dem Mitmenschen. Die ursprünglich pazifistische Reformbewegung wurde erst im Zuge der Verfolgungen durch die islamische Mogulherrschaft zur verbindlichen, bewaffneten Sikh-Religion. Dass Sikh Humor haben, wird nicht auf Anhieb, sondern erst nach und nach sichtbar.

Trotz der Verfolgungen ist den Sikh der Humor nie ganz abhanden gekommen. Im Gegenteil, der Humor wird von den Sikh gepflegt. So schreibt Khushwant Singh, dass die Sikh und die Parsis die einzigen indischen Gemeinschaften seien, die über sich selbst lachen können.[3]

Daraus hat sich in Indien eine eigene Gattung von Witzen entwickelt, die unter dem Namen »Sardar jokes« bekannt ist. Davon wird später die Rede sein.

Guru Nanak – Gründer des Sikhismus

Um zu verstehen, was die Sikh-Religion mit Humor zu tun hat, müssen wir uns mit dem Humor des Gründers Guru Nanak beschäftigen.

Guru Nanak verstand sich nicht als Religionsgründer, sondern als Reformer eines ritualisierten Hinduismus und eines erstarrten Islams und lehrte einen bildlosen Monotheismus, der zwischen Menschen verschiedener Herkunft keinen Unterschied macht.

Seine drei Grundsätze sind einfach: Arbeite für deinen Lebensunterhalt, bete zu Gott, teile mit dem Anderen. Er war ein Exponent der Bhakti-Frömmigkeit. Bhakti ist die liebende Hingabe zu Gott, die keinen Tempel und kein Ritual nötig hat.

Seinen speziellen Humor zeigte er bereits als Knabe. So sollte er in einer besonderen Zeremonie die Schnur erhalten. Nach den Schastras ist dieser

Initiationsritus den Söhnen der höheren Kasten vorbehalten und weist sie als «Dwija», «Zweimalgeborene», aus. Die Verleihung der Schnur ist der Anlass zu einem großen Fest, zu dem die ganze Familie eingeladen wird. So war es auch bei Nanak. Der junge Nanak begann mit dem Priester zu diskutieren. Er wollte wissen, wie die Schnur ein neues Leben und eine spirituelle Regeneration bringen kann, wenn sie doch nur aus Baumwolle besteht. Diese Schnur wird schmutzig und in kurzer Zeit wird sie reißen und muss ersetzt werden. Wenn der Körper verbrannt werden wird, wird die Schnur mit verbrennen. Wie soll unter solchen Umständen die Schnur für das Emporheben der Seele hilfreich sein?

Obwohl Nanak von Geburt Hindu war, waren für ihn solche Zugehörigkeiten bloße Etiketten, die für das Leben nicht wichtig sind. Er lehrte, dass es weder Hindus noch Muslime gibt, sondern nur Geschöpfe von Gott. So war Mardana, einer seiner engsten Gefährten, ein Muslim.

Es gibt viele Geschichten über Nanak, die seinen Humor zeigen. Viele davon werden in der Janamsakhi (Guru Nanak-Biographie) überliefert.

Guru Nanak in Hardwar am Ganges

Die Abbildung zeigt das Titelblatt des Comics über Guru Nanak.[4]

Nanak besuchte den Hindu-Wallfahrtsort Hardwar am Ganges. Pilger spritzten Wasser gegen die Sonne. Nanak stieg auch ins Wasser und spritzte Wasser nach Westen, also in die andere Richtung. Einige der Pilger kamen zu ihm, um ihn zu fragen, warum er dies tue. Er fragte zurück, warum sie Wasser gegen die Sonne spritzten. Er erhielt zur Antwort, dass sie dieses Wasser ihren Vorfahren sandten. Nanak spritzte weiterhin Wasser in die verkehrte Richtung und begründete dies damit, dass er seine Felder im Punjab wässere, weil er gehört habe, dass dort seit längerer Zeit kein Regen mehr gefallen sei. »Aber deine Felder sind Hunderte von Kilometern entfernt. Wie soll denn das Wasser dort hinkommen?« Auf diese berechtigte Frage konterte er mit der Gegenfrage: »Wenn ich mit dem Wasser meine Felder nicht erreichen kann, die nicht weit entfernt sind, wie wollt ihr denn die Sonne erreichen, die so viel weiter weg ist?«[5]

Guru Nanak und die Muslime

Guru Nanak nahm alle Menschen unabhängig von ihrem religiösen Bekenntnis gleichermaßen ernst, hielt ihnen aber gern einen Spiegel vor, wie wir das bereits gesehen haben.

Einer seiner muslimischen Freunde lud ihn in die Moschee zum Gebet ein. Der Muslim begann zu beten und vollführte dabei die üblichen Niederwerfungen und weiteren körperlichen Übungen. Nanak hingegen blieb stehen und schaute zu. Nach dem Gebet war der Freund recht ungehalten und fragte, warum Nanak nicht mitgebetet habe. Nanak fragte zurück: »Ach, gebetet hast du? Ich sah, dass du mit dem Körper gebetet hast, aber nicht mit dem Kopf. Du warst nämlich in Gedanken daheim und hast gedacht ›Ach, ich habe vergessen, den Brunnen zuzudecken. Hoffentlich fällt das junge Rind nicht hinein!‹«.

Auf einer seiner Reisen besuchte Nanak Mekka, die heilige Stadt der Muslime. Müde geworden legte er sich in der Nähe der Kaaba nieder, um zu schlafen. Er wurde von einem ärgerlichen Mekka-Pilger unsanft geweckt und wollte wissen, warum er so wütend sei. Der Mann fragte ihn, ob er nicht sehe, dass er die Füße gegen die Kaaba, das Haus Gottes, ausgestreckt habe. Es wird erzählt, dass der Mann Nanaks Füße in jede beliebige Richtung legen konnte und sie doch immer gegen die Kaaba zeigten.[6]

»Sardar jokes« – Witze über die Sikh

»Sardar«, oder die Höflichkeitsform »Sardarji« ist die in Indien übliche Anrede für jeden Sikh-Mann. Da jeder männliche Sikh den Beinamen »Singh«, Löwe, trägt, macht es auch wenig Sinn, ihn mit »Mister Singh« anzusprechen. Der Beiname für Frauen ist »Kaur«, Prinz, aber für unser Thema nicht relevant, da die Frauen in den »Sardar jokes« kaum vorkommen, obwohl Frau und Mann gleichberechtigt sind.

»Amerikaner erzählen Witze, aber das heißt nicht, dass sie Humor haben. Witze sind sehr oft grausam, unnötig grausam. Wahrscheinlich ist der meist verbreitete Witz in Indien der Sardar joke. Solcher Humor versucht Rassismus zu rechtfertigen und zu erlauben. Diese Anekdoten sind die indische Entsprechung von euren [gemeint sind Europäer] polnischen Witzen, bei den Briten von irischen Witzen. Sie sind grausam und dumm. Sie sind unanständig.«[7]

So zitiert Lee Siegel einen Inder. Ob dieser Inder mit seiner Einschätzung Recht hat, lassen wir offen.

Dass über Sikh(-Männer) Witze gemacht werden, ist in doppelter Hinsicht verständlich: Erstens reizt das martialische Äußere eines männlichen Sikh mit Turban und Bart, zweitens sind die Sikh in den Geschäften, in der Politik und im Militär überdurchschnittlich erfolgreich. So ist der oberste Inder ein Sikh. In Indien bedeutet auch »SMS« etwas anderes als bei uns. Dort ist dies die Abkürzung für »Sardar Manmohan Singh«, den Ministerpräsidenten!

Dass es so viele »Sardar jokes« gibt, bedeutet nicht etwa, dass Sikh als etwas Lächerliches angesehen werden. Im Gegenteil, wenn eine ganze Volksgruppe den Humor auf sich vereinigt, heißt dies eher, dass sie populär ist. So käme kaum jemand auf die Idee, dass es sich bei Ostfriesen- oder Österreicherwitzen um Rassismus handelt. Es sind die Stereotypien, wie wir sie auch von den Blondinenwitzen kennen.

Übrigens ist Khushwant Singh, von dessen Witzesammlung schon einige Beispiele in diesem Buch zu lesen waren, auch ein Sikh. Mit Selbstironie steuert er, der sonst vor allem Sammler ist, die schärfsten Witze über Sikh selber bei.

Um zu verdeutlichen, was mit diesen »Sardar jokes« gemeint ist, sollen hier exemplarisch ein paar typische Vertreter dieser Gattung gezeigt werden, die auch aus der vorgenannten Sammlung stammen.

Dank dem Allmächtigen:
»Vater: ›Herzlichen Dank, Doktor, dass sie das Leben meines Sohnes gerettet haben.‹
Doktor: ›Es war Gott, der ihren Sohn gerettet hat.‹
Vater: ›Trotzdem, danke schön und Sat Sri Akal.‹
Doktor: ›Was ist mit meinem Honorar?‹
Vater: ›Ich werde Gott Geld senden.‹«[8]

Der Lügendetektor:
»Ein Engländer, ein Amerikaner und ein Sardarji wurden eingeladen, einen Lügendetektor zu testen.
Der Engländer sagte: ›Ich kann 20 Flaschen Bier trinken.‹
BUZZZZZ ging der Lügendetektor.
›O.K.‹, sagte er, ›zehn Flaschen.‹ Und die Maschine war ruhig.
Der Amerikaner sagte: ›Ich denke, ich kann 15 Hamburger essen.‹
BUZZZZZ ging der Lügendetektor.
›Also gut‹, sagte er, ›acht Hamburger.‹ Und die Maschine war ruhig.
Der Sardarji sagte: ›Ich denke, ich denke ...‹
BUZZZZZ ging die Maschine!«[9]

Bluttest:
»Zwei Singhs sitzen vor einer Klinik. Einer schrie wie am Spieß. Der andere fragte, warum er schreie.
Der erste antwortete: ›Ich kam für einen Bluttest.‹
Der zweite fragte: ›So? Haben sie Angst?‹
Der erste antwortete: ›Nein, das nicht. Während des Bluttests stachen sie mir in den Finger.‹
Als der zweite das hörte, begann er gellend zu schreien. Der erste war erstaunt und fragte den anderen, warum er schreie.
Dieser antwortete: ›Ich bin für einen Urintest gekommen!‹«[10]

Humor im täglichen Leben der Sikh

Sikh sind in allererster Linie Menschen mit Gefühlen wie jeder andere auch. Es gibt griesgrämige und humorvolle wie überall.
Im Gurdwara, dem religiösen Versammlungsraum, hat Humor nur bedingt einen Platz. Meistens geht es dort sehr ernst zu. Im normalen Alltag dagegen gehören Lachen und Humor zum Leben dazu.

Bei den Sikh gibt es allerdings auch ganz humorlose, diese reagierten sehr empfindlich, als der Film »So bole so nihaal« im Frühling 2005 in den Kinos gezeigt wurde. Diese Actionkomödie erhielt von den Filmkritikern schlechte Noten, weil sie dümmlich sei. Sikh-Gruppen störten sich am religiösen Titel und an Szenen, in denen Sunny Deol als Sikh-Mann vor knapp bekleideten Damen flieht. Diese Darstellung hatte ihre religiösen Gefühle beleidigt. [11]

Von diesen Ausnahmen dürfen wir aber nicht auf die Mehrheit der Sikh gegenüber dem Thema Humor schließen.

Grenzen des Humors

Obwohl bei den Sikh Humor zu ihrer Kultur gehört, gibt es Grenzen: Alles, was unsittlich ist oder unter die Gürtellinie zielt oder im weitesten Sinn entehrend oder rassistisch ist, hat bei den Sikh keinen Platz. Besonders Witze oder gar Karikaturen gegen ihre zehn Guru oder gegen das heilige Buch, den Guru Granth Sahib, verletzen die Sikh.

Zusammenfassung

Die Sikh orientieren sich vor allem an Guru Nanak, dem Begründer des Sikhismus der viele seiner Belehrungen humorvoll präsentierte. Sikh dürfen auch ihre Gurus bildlich darstellen, sogar Bilderbücher und Comics über die Gurus werden akzeptiert. Humor hat im Leben der Sikh seinen Platz, sofern die normalen Regeln beziehungsweise Grenzen des guten Geschmacks eingehalten werden.

Anmerkungen

[1] So zum Beispiel in: Benjamin Walker: Hindu World. An Encyclopedic Survey of Hinduism. First publ. London 1968. First Indian ed. 1983. 2 Vols. Band 2, S. 396: »SIKH, a sect of reformist hindus [...]«.

[2] Zum Beispiel das Bilderbuch von Mala Singh: The Story of Guru Nanak. Delhi 1986.

[3] Khushwant Singh's Joke Book IV. S. 5.

[4] Guru Nanak. Amar Chitra Katha. India Book House. Bombay.

[5] Gurinder Singh Sacha The Sikhs and their way of life. Sikh Missionary Society U.K. Southall. 1988, 2nd Rev. and Improved Ed. S. 77f.

[6] ebd. S. 68.

[7] Lee Siegel: Laughing Matters. Comic Tradition in India. Delhi 1989. S. 421.

[8] Khushwant Singh's Joke Book 5, S. 40.

[9] ebd. S. 14f.

[10] www-personal.umich.edu/~saha/archives/Sardar9

[11] www.molodezhnaja.ch/jbsn.htm

Buddhismus

Einführung

Wie das Christentum hat der Buddhismus einen Gründer, der unter seinem Ehrentitel Buddha, »der Erwachte«, in die Weltgeschichte eingegangen ist. Der um 560 v. Chr. geborene Buddha (mit bürgerlichem Namen Siddharta Gautama) war mit dem damals herrschenden brahmanischen Opferpriestertum nicht einverstanden und schloss sich mehreren spirituellen Meistern an. Als diese ihm auf der Suche nach der letzten Wahrheit nicht weiter helfen konnten, setzte er sich unter einen Baum mit dem festen Vorsatz, so lange zu sitzen, bis er die Erleuchtung erlangt habe. Schließlich wurde er ein »Buddha«, also ein Erwachter.

Er lehrte die »Vier Edlen Wahrheiten« vom Leiden, von der Entstehung des Leidens, von der Aufhebung des Leidens und von dem zur Aufhebung des Leidens führenden Weg. Dieser Weg wurde von Buddha systematisch dargestellt als der »Edle Achtgliedrige Pfad«. Grundsätzlich geht es darum, den »Lebensdurst« zu überwinden, um nicht wieder eine neue Existenz annehmen zu müssen und so aus dem Geburtenkreislauf ausbrechen zu können.

Buddha starb im hohen Alter und ging ins Nirvana ein, das heißt, er wurde nicht mehr wiedergeboren. Wie im Hinduismus gilt auch im Buddhismus der Glaube, dass jedes unerlöste Lebewesen nach dem Tod immer wieder einen neuen Körper annimmt. Die im jetzigen Leben vollbrachten Taten bestimmen das nächste Leben.

Es gibt keine Taufe oder sonstige Aufnahme in den Buddhismus. Jeder Mensch kann sich durch das Zufluchtnehmen, das dreimalige Aussprechen der dreifachen Zuchtformel in der altindischen Sprache Pali zum Buddhismus bekennen:

»Ich nehme meine Zuflucht zum Buddha«
»Ich nehme meine Zuflucht zu Dhamma« (Lehre)
»Ich nehme meine Zuflucht zu Sangha« (Mönchsgemeinde)

Dieses Zufluchtnehmen wird bei jeder Zusammenkunft erneuert. Im Gegensatz zum Hinduismus wird niemand als Buddhistin oder Buddhist geboren. Der Buddhismus breitete sich sehr schnell aus. Es bestand nie eine einheitliche Organisation. Um Schüler des Buddha sammelten sich Gruppen, die sich verschieden entwickelten. Wegen Fragen der Auslegung und Anwendung der Regeln spaltete sich die buddhistische Bewegung in Theravada (»Lehre der Älteren«, abschätzig auch Hinayana, »Kleines Fahrzeug«, genannt) und Mahayana (»Großes Fahrzeug«).

In den 2500 Jahren des Bestehens verbreitete sich diese Weltreligion nicht nur sehr stark, sondern übernahm auch manches von der jeweilig vorgefundenen Religion und Kultur. So entstanden verschiedene Formen des Buddhismus.

Gemeinsam ist allen Richtungen die starke Betonung des Mönchtums. Die Mönche sind für die religiösen Lehren zuständig.

Hat Buddha gelacht?

Jede Antwort auf diese Frage ist reine Hypothese. Es gibt keine Biographie, die wissenschaftlichen Ansprüchen genügen könnte. Alles, was geschrieben wurde, entstand später und ist zudem ideologisch vorbelastet, da alle Überlieferungen darauf ausgerichtet sind, die Lehren des Buddha zu idealisieren. Allerdings ist dies kein Sonderfall, wie wir das bei anderen Religionsgründern bereits gesehen haben oder noch sehen werden. Trotzdem kann angenommen werden, dass der Buddha Humor hatte. Er, der ein vollkommen »Erwachter« war und den »Lebensdurst« überwunden hatte, stand über den alltäglichen Kleinigkeiten und konnte deshalb vieles leichter angehen. Der christliche Theologe Werner Thiede bezeichnete Buddhas Haltung als »sieghafte Heiterkeit«.[1]

Der Buddha setzte sich für eine pragmatische Lehre ohne unüberprüfbaren Glauben ein. So soll er auf die Frage nach Gott geantwortet haben:

»Ich habe euch nie gelehrt, dass es Gott gibt, ich habe euch aber auch nie gelehrt, dass es Gott nicht gibt. Ich habe euch den Edlen Achtgliedrigen Pfad gelehrt, geht diesen!«

Ein wichtiger und immer wiederkehrender Aspekt seiner Lehre war die Auseinandersetzung mit dem Brahmanentum, der damals vorherrschenden Religionsform in Indien. Dass dies zu großen Konflikten führen musste, war vorprogrammiert, ging es doch um gegenseitige Konkurrenz. Die Brahmanen sahen vor allem ihre Pfründe bedroht.

Den Behauptungen der Brahmanen, allein den richtigen Weg zum höchsten Gott Brahma zu kennen und weisen zu können, begegnete der Buddha mit bissigem Humor. Da es keine Brahmanen und keinen Lehrer bis zur siebenten Lehrerslehrer-Stufe rückwärts gebe, der Brahma von Angesicht zu Angesicht je gesehen habe, sei also die Behauptung der Brahmanen, den Weg zu Brahma zu weisen, unsinnig. Wie sollten sie also den Weg weisen können? Die Brahmanen, die sich auf eine vorausgehende Tradition berufen, gleichen eher einer Kette von hintereinander gehenden Blinden, wobei auch der erste in der Kette Brahma nie gesehen hat. In einer Reihe von Bildern wird der Sachverhalt weiter veranschaulicht. Sie können zwar Sonne und Mond sehen, aber nicht den Weg dorthin weisen, also erst recht nicht den Weg zu etwas, was sie nie gesehen haben. Sie gleichen einem jungen Mann, der in ein Mädchen in einem fernen Land verliebt ist, das er nie erblickt hat, oder einem Toren, der eine Treppe zu einem Palast bauen will, den er nicht kennt. [2]

Direkte Aussagen zum Humor des Buddha sind schwierig zu belegen. Humor um des Humors willen wurde wahrscheinlich vom Buddha abgelehnt:

»Als Geheul, ihr Mönche, gilt in der Ordenszucht des Heiligen das Singen, als Wahnsinn das Tanzen, als kindisch das unpassende Lachen mit aufgerissenem Munde. Darum ist das Singen und Tanzen eine Verletzung der Ordnung. Seid ihr über Dinge erfreut, so genüge euch ein blosses Lächeln.« [3]

Es gibt jedoch viele Legenden, nach denen der Buddha Humor gezeigt hat. Ob die folgende Anekdote, die mir ein Buddhist erzählt hat, tatsächlich so geschehen ist, lassen wir offen:

»Ein Mann läuft übers Wasser und will damit den Buddha beeindrucken. Dieser fragt ihn, wie lange er gebraucht habe, um dies zu lernen. Der Mann: ›20 Jahre‹. Der Buddha: ›Für zwei Rupien bringt mich der Fährmann über den Fluss. Die 20 Jahre hättest du besser dafür gebraucht, um dich in Weisheit zu üben.‹«

Unabhängig davon, ob die Anekdote wahr oder erfunden ist, zeigt sie uns, wie der Buddha von seinen Anhängern auch verstanden wird, nämlich als ein Lehrer mit Humor.

Der lachende Buddha

In China soll etwa im 10. Jahrhundert ein Bettelmönch gelebt haben. Da er einen Jutesack trug, erhielt der den Übernamen »Butai«, Stoffsack. Butai (oder Hotai) gilt als Maitreya, also als Buddha des zukünftigen Weltzeitalters. Er ist sehr populär und wird immer lachend und sehr wohlgenährt – Übergewicht ist kein Thema! – dargestellt. Dieser dickbauchige, lachende Buddha symbolisiert Glück, Reichtum und himmlischen Segen.

Wir finden sein Bild oder seine Statue in unzähligen Varianten an allen möglichen Orten.[4] Das oben stehende Bild[5] zeigt einen Hotai, der als Gartenschmuck zum Verkauf angeboten wird. Ganz beliebt ist auch die Darstellung mit Kindern, die auf ihm herum klettern.

Bilder

Der Buddhismus kennt genau so wenig wie der Hinduismus ein Bilderverbot. Im Gegenteil, sowohl der Buddha, als auch die Bodhisattvas (»Erleuchtungswesen«, zukünftiger Buddha) und die verschiedenen Legenden werden abgebildet. Im tibetischen Buddhismus sind Bilder sogar sehr wichtig. Es gibt eine ganze Reihe von Thangkas, Rollbilder, die zur Meditation in Tempeln oder über Hausaltären aufgehängt sowie bei Prozessionen mitgeführt werden. Dargestellt werden der Buddha, die Bodhisattvas, Schutzgottheiten und Lamas oder Symbole wie das Mandala.

Der Buddha wird ganz unbefangen dargestellt, aber das Bild wird von den Buddhisten mit äußerstem Respekt behandelt. Niemals wird es auf den Boden oder an einen unwürdigen Ort gelegt.

Im Christentum kennen wir die »Armenbibel« (»Biblia pauperum«). Etwas Vergleichbares gibt es auch im Buddhismus. So werden oft in buddhistischen Tempeln ganze Geschichten des Buddhismus dargestellt.

Buddha im Comic? Kein Problem. Es gibt mehrere Comics mit der Geschichte des Buddha, die meist verbreitete erschien in Indien.[6]

Im gleichen Verlag erschien ein weiterer Comic, in dem eine Buddha-Legende mit Bildern erzählt wird: »Angulimala«.[7] Dieser Comic handelt von einem Räuber, der seinen Opfern die Finger (Anguli) abschnitt und sie als Halskette (Mala) trug. Er begegnete dem Buddha und wurde einer seiner Schüler.

Eine andere illustrierte Geschichte hat auch im Westen große Verbreitung gefunden: »Der Ochs und sein Hirte«.[8] Es ist eine altchinesische Zen-Geschichte mit zehn Bildern, die im 15. Jahrhundert in Japan entstanden sind. Die Geschichte wird bei der Ausbildung der Zen-Schüler verwendet.

»Prateepdham« (heute »Pradipdham«) ist die Zeitschrift des Wat Srinagarindravararam in Gretzenbach (Schweiz). Sie enthält meistens Zeichnungen und sogar humoristische Cartoons. Ein Beispiel folgt unten.

Humor in buddhistischen Gemeinschaften

Der Buddhismus ist geographisch über ein riesiges Gebiet verteilt und hat sich im Lauf seiner langen Geschichte ganz unterschiedlich entwickelt. Im deutschsprachigen Raum sind mehrere buddhistische Richtungen und Gemeinschaften vertreten.[9] Einzelne möchte ich als Beispiele hier vorstellen.

Theravada-Buddhismus

Im deutschsprachigen Raum sind vor allem Theravada-Buddhisten und -Buddhistinnen aus Thailand vertreten. In der Schweiz bilden sie die absolute Mehrheit der Buddhisten. Ihr Zentrum ist das Wat Srinagarindravararam in Gretzenbach. Der Abt Dr. Phrathepkittimoli ist seit der Gründung dieser Gemeinschaft der spirituelle Leiter und prägte sie. Sein sehr spezieller Humor ist sein Markenzeichen. In seinen Ansprachen lässt er immer Humor einfließen. Humor bedeutet bei ihm aber nicht, Witze zu erzählen, sondern eher, den Zuhörenden einen Spiegel vorzuhalten. Leider spricht er vorwiegend Thai. Bei den Übersetzungen in Englisch, manchmal auch in Deutsch, geht leider viel verloren.

Ein Beispiel, das ich selber gehört habe, soll als Illustration dienen. Der Anlass war ein Besuch mit einer Gruppe Studierender der Religionswissenschaft. Ein Student fragte den Abt: »Warum sollten wir Buddhisten werden?« Der Abt antwortete ihm: »Ihr sollt überhaupt nicht Buddhisten werden. Buddhismus ist nur ein Weg von vielen. Wir können mit verschiedenen Verkehrsmitteln nach Zürich gelangen: Mit dem Auto, mit dem Fahrrad, am schnellsten geht es mit dem Flugzeug, zu Fuß oder sogar mit dem Schiff. Welches Verkehrsmittel ist das Beste? Das ist Nebensache. Wichtig ist, dass wir nicht ständig wechseln. So wäre es nicht zu empfehlen, mitten auf der Autobahn aus dem fahrenden Auto auszusteigen, weil wir es uns anders überlegt haben.«

Alles, was der Abt humorvoll erklärt, hat den tieferen Sinn, die buddhistische Lehre verständlich zu machen.

»Pradipdham« ist die Zeitschrift des Srinagarindravararam. In jedem Heft gibt es eine oder mehrere humoristische Zeichnungen. Manchmal lässt der Abt sogar einen Cartoon abdrucken.

Übersetzung des Cartoons (Seite 173) aus »Pradipdham« 16/1, 2006:
1. *Wohin gehen die Leute, wenn sie gestorben sind, ehrwürdiger Abt?*
2. *Das kommt darauf an, ob sie Leute aus diesem Land (Thailand) sind.*
3. *Und wenn die Leute aus diesem Land sind, wohin werden sie dann gehen können?*
4. *Wenn ihr einmal erwachsene Thais seid, geht ihr auch in den Tempel (solltet ihr in den Tempel gehen). Oder: Wenn sie erwachsene Thais sind, gehen sie auch in den Tempel.*
Fazit: Der Abt in diesem Dialog drückt sich um die Antwort auf die Frage, was nach dem Tod passiert.

In der Tradition des Theravada-Buddhismus gibt es aber auch andere geistliche Lehrer, die den Humor pflegen, wie zum Beispiel Ajahn Thiradhammo. Er lebte und lehrte bis 2006 im buddhistischen Kloster Dhammapala in Kandersteg. Ihm ist es ein Anliegen, die buddhistische Lehre in die heutige Zeit zu übertragen. Da dies nicht immer einfach ist, zeigt er es mit Beispielen wie dem Folgenden.

Als Mönch darf er kein Geld besitzen oder bei sich tragen. Um zu reisen, hat er ein Abonnement. So kam er nach Basel, um zu unterrichten. Da die Lokomotive eine Panne hatte, kam er erst viel später an. Derjenige, der ihn abholen sollte, war bereits wieder gegangen. Wie sollte er ihn benachrichtigen? Ohne Geld konnte er nicht telefonieren. Was sollte er nun tun? Jemanden ansprechen und sagen, dass er als Mönch kein Geld haben darf aber doch telefonieren müsse? Sicher hätte ihm jemand Geld gegeben. Doch dann hätte er sagen müssen: ›Bitte werfen sie das Geld ein! Ich darf kein Geld in die Hand nehmen!‹ Glücklicherweise kam der Mann, der ihn abholen sollte, nochmals zum Bahnhof.

Warum er diese Anekdote erzählt hat? Sicher nicht nur zur Erheiterung – obwohl die Zuhörenden sehr gelacht haben –, sondern um die Probleme des Lebens als Mönch in der heutigen Zeit mit Humor verständlich zu machen.

Tibetischer Buddhismus

Die Tibetologin Blanche Christine Olschak schrieb in ihrem Buch über die »Heiterkeit der Seele« als Begründung für diesen doch eher ungewöhnlichen Titel:

»*Der Ausdruck ›Heiterkeit der Seele‹ ist so typisch für alle jene, welche dieses Ziel nach den Lebensregeln des nördlichen Mahâyâna-Buddhismus erreichen wollen, dass man es wohl wagen darf, ihn als Leitmotiv für ein Buch zu wählen, welches die geistig-seelische Grundhaltung der tibetischen Tradition zu skizzieren versucht.*«[10]

Im Verlauf des Buches erläutert Olschak die »herzinnige Fröhlichkeit und innere Ausgeglichenheit dieses Volkes«.
Ein besonderer Aspekt in jeder buddhistischen Richtung ist die Meditation. Die tibetisch-buddhistische Meditation soll vom Buddha selber gelehrt worden sein. Die dritte der »fünf Meditationen« ist die Meditation der Freude, in welcher du an das Wohlsein der andern denkst und dich mit ihrer Freude mitfreust. Die fünfte Meditation ist die Meditation über die Heiterkeit der Seele, in welcher du dich über Hass und Liebe erhebst.[11] Mit diesen Argumenten wird der Humor als eine Heiterkeit der Seele erklärt.
Der bekannteste Vertreter dieser buddhistischen Richtung ist der Dalai Lama. Er hat offensichtlich diese »Heiterkeit der Seele« realisiert. Sie äußert sich in einem feinen Humor, der keine Witze braucht, um bei den Zuhörenden ein Lächeln hervor zu rufen. Es gäbe viele Anekdoten über ihn zu erzählen. Die folgende soll seine Selbstironie zeigen. In einem Fernsehinterview mit einem westlichen Fernsehsender wurde er nach seinen Vorlieben und Schwächen gefragt. Er antwortete darauf, dass er eine große Neugierde habe, besonders für technische Geräte. So müsse er immer wissen, wie ein Gerät funktioniert. So hätte er schon mehrere Wecker auseinandergenommen und wieder zusammengesetzt. »Einzelne davon sind nachher sogar noch gelaufen!«, sagte er.

Sein Sinn für Humor hat ihm auch im Westen viele Sympathien eingetragen, wie die Karikatur von Pit Hammann zeigt:[12]

Über die Karikatur seines Geburtstagsfestes würde er sicher auch lachen: Der Dalai Lama macht ein Geschenkpaket auf, es ist leer. Dalai Lama: »Nichts! Genau das, was ich mir immer gewünscht habe!«

Ein weniger bekannter Vertreter des tibetischen Buddhismus ist der dänische Lama Ole Nydahl.[13] Er und seine 2007 verstorbene Frau Hannah waren Schüler des 16. Gyalwa Karmapa, des spirituellen Oberhaupts der Karma-Kagyü-Linie, einer der Hauptschulen des tibetischen Buddhismus.

Die Auftritte von Ole Nydahl »bestechen vor allem das jüngere, gebildete westliche Publikum in seiner so nur ihm eigenen Mischung von Ehrfurcht gegenüber den buddhistischen Meistern der eigenen Schule und unverfroren intuitiver Deutung ihrer Lehren. Nydahl verbindet Mystik und Abenteurertum, Hektik und Gelassenheit, Mönchstitel und Lebenslust, Buddhalächeln und Rotznasigkeit.«[14] Besucherinnen und Besucher seiner Vorträge waren besonders von seinem trockenen dänischen Humor fasziniert. Ich habe Ole Nydahl nur auf Video erlebt, kann mich aber dieser Einschätzung anschließen.

Zen-Buddhismus

Der Zen-Buddhismus beziehungsweise das Zen ist die aus dem mystischen Strom im Buddhismus entstandene Erleuchtungsschule. Das Geheimnis des Zen besteht darin, in einer Haltung tiefer Konzentration einfach zu sitzen, ohne Ziel und ohne Streben nach Nutzen.[15] Der japanische Zen-Kenner Daisetz Teitaro Suzuki[16] betont nachdrücklich die Wichtigkeit der inneren Erfahrung und meint:

»Weder hat Zen uns auf dem Wege intellektueller Analyse etwas zu lehren, noch enthält es irgendwelche feste Lehrmeinungen, die seine Anhänger annehmen müssten. In dieser Beziehung ist Zen völlig chaotisch, wenn man so sagen will. [...] Werde ich gefragt, was Zen lehrt, so muss ich antworten, dass Zen nichts lehrt. Was immer für Lehren es im Zen gibt, sie kommen aus dem eigenen Inneren jedes Einzelnen. Wir sind selbst unsere Lehrer; Zen weist nur den Weg.«[17]

Ich weiß, dass es eigentlich an Vermessenheit grenzt, überhaupt etwas über Zen zu schreiben. Und doch tue ich es hier, weil speziell im Zen für unser Thema sehr viel enthalten ist.

Im japanischen Zen-Buddhismus gibt es mehrere Faktoren, die besonders betont werden: Das Sitzen in Meditation und die Unterweisung durch Koan.

Koan[18] oder Mondo[19] sind im Zen-Buddhismus die Bezeichnungen für die meist sehr kurzen und paradoxen Meister-Schüler-Dialoge. Paradoxie kann Humor bedeuten und ist ein Mittel der Unterweisung von Zen-Meistern. Keiner kann das so gut schildern wie Janwillem van de Wetering. In mehreren Büchern beschreibt er das Leben und seine Erfahrungen in einem Zen-Kloster in Japan[20] und in Amerika.[21] In beiden Büchern gelingt es ihm, diese Paradoxie zu schildern und auch für Außenstehende fassbar zu machen. In seiner Sammlung »Das Koan und andere Zen-Geschichten«[22] beschreibt er unter dem Aspekt des Zen-Buddhismus Alltagserlebnisse.

Die folgenden Beispiele sollen einen kleinen Einblick in den Humor des Zen-Buddhismus geben:

»Ein Schüler fragt seinen Meister, wie tief der Fluss Zen sei. ›Fünf Zentimeter‹, sagte der Meister. ›Wer kann denn in diesem Fluss schwimmen?‹, fragte der Schüler. ›Die Berge.‹«

Der Kampf gegen mein Ich:
»Als ein Zenmeister erfuhr, dass einer seiner Schüler seit drei Tagen nichts gegessen hatte, fragte er ihn nach den Gründen für sein Fasten. ›Ich versuche, gegen mein Ich zu kämpfen‹, erklärte der Schüler. ›Das ist schwierig‹, sagte der Meister und schüttelte den Kopf. ›Und es muss noch schwieriger sein mit einem leeren Magen.‹«[23]

Das Paradoxe und Humorvolle kann auch zeichnerisch dargestellt werden, wie es Alex Ignatius mit seinem »Pilger Mu«[24] macht:

Witze und Karikaturen über den Buddhismus

Ist ein Witz oder eine Karikatur von einem Buddhisten oder einem Andersgläubigen in Umlauf gebracht worden? Diese Frage lässt sich nicht immer leicht beantworten, weil Buddhisten häufig selbstkritisch sind und über sich selbst lachen können, wie wir bereits gesehen haben. Bei manchen Karikaturen ist es allerdings überdeutlich, dass der Karikaturist den

Buddhismus nur vom Hörensagen kennt und die Vorurteile zeichnerisch weiter gibt.

Die folgende Auswahl an Beispielen über Witze und Karikaturen zum Buddhismus dienen zur Illustration:

Streit:
»*Drei buddhistische Mönche leben zurückgezogen auf einem Berg. Nach vier Jahren Schweigen spricht endlich einer:* ›*Habt ihr das schöne schwarze Pferd gesehen, das vorbei galoppierte?*‹
Drei Jahre später sagt der zweite Mönch: ›*Es war ein weißes Pferd!*‹
Zehn Jahre später steht der dritte Mönch auf und sagt: ›*Wenn ihr beiden weiter streitet, gehe ich weg!*‹«

Glühbirne wechseln:
»*Frage:* ›*Wie viele Zen-Buddhisten braucht es, um eine Glühbirne zu wechseln?*‹
Antwort: ›*Drei. Einen, der die Glühbirne wechselt, einen, der die Glühbirne n i c h t wechselt und einen, der weder die Glühbirne wechselt noch sie nicht wechselt.*‹«

Der Buddhismus ist aus dem Hinduismus entstanden. Deshalb erstaunt es nicht, dass zwischen diesen beiden Religionen oft so etwas wie ein Wettkampf herrscht, der meist friedlich verläuft, so lange es nicht um die Kasten geht. Auch dazu gibt es Witze und Anekdoten.

Rettung durch die universale Buddha-Natur:
»*Ein Buddhist und ein Hindu gingen miteinander Fallschirmspringen. Als sie sich zum Springen bereit machten, sagte der Buddhist:* ›*Falls etwas schief gehen sollte...*‹ ›*Nichts wird schief gehen*‹*, sagte der Hindu.* ›*Falls aber doch, wird Gott mich retten.*‹ ›*Keine Chance*‹*, sagte der Buddhist,* ›*weil es gar keinen Gott gibt, sondern nur deine universale Buddha-Natur.*‹ *Der Hindu lachte darüber.*
Die beiden sprangen aus dem Flugzeug. Nach einer gewissen Zeit bemerkten sie, dass sich ihre Fallschirme nicht öffneten. ›*Mein Gott, rette mich!*‹ *schrie der Hindu. Da hörte er, wie der Buddhist sagte:* ›*Ich verlasse mich auf meine universale Buddha-Natur.*‹ *Augenblicklich öffnete sich eine große Hand aus dem Nichts, hielt den Buddhisten auf der Handfläche und behutsam begann sie, ihn auf die Erde hinunter zu lassen.*
Der verängstigte Hindu schrie: ›*Ich verlasse mich auf meine universale*

Buddha-Natur.‹ Sofort erschien eine andere riesige Hand, hielt den Hindu auf der Handfläche und begann behutsam, ihn auf die Erde hinunter zu lassen. ›Ach! Das war Rettung in höchster Not! Danke Gott!‹ Darauf drehte sich die Hand um.«

Manche Witze und Karikaturen persiflieren das, was im Buddhismus zentral ist oder eben sein sollte.

Geld und Buddhismus? Offensichtlich schließt das Eine das Andere nicht aus, was die folgenden zwei Beispiele zeigen:

Der Zeichner Kes zeichnete einen Pilger, der vor dem Meister in den Bergen steht. Zu seinen Füßen steht eine Tafel: »Höre große Weisheiten. (wechselt täglich)«. Der Meister belehrt den Mann: »Geld ist nicht alles … Das kostet fünf Euro bitte.«[25]

Der Geschäftsmann sitzt vor seinem Schreibtisch in Meditationshaltung und sagt zur Sekretärin: »Ich versuche die totale Harmonie von Körper, Geist und Cashflow zu erreichen.«[26]

Die moderne Technik macht offensichtlich auch vor dem Meister auf dem Berg nicht Halt, was die folgenden zwei Beispiele beschreiben:

Ein Mann kommt zu einem Meister auf den Berg und fragt ihn nach dem Sinn des Lebens. Der Meister sagt: »Wie soll ich das wissen? Schauen sie doch bei Google!«[27]

Der Meister in der Höhle sagt zum Pilger: »Wenn sie noch weitere Fragen haben, senden sie mir eine Mail.«

Es gibt Karikaturisten, die wirklich wissen, was Buddhismus ist. Zu diesen zählt offensichtlich der Cartoonist Roger Schmidt:

»Gibt es eine einfache Erklärung, was Buddhismus ist? Häufig wird mit den Erklärungen angefangen, die Buddha sieben Wochen nach seiner Erleuchtung gab. Und dann wird mächtig weit ausgeholt … Ich will hier den Versuch wagen, die ganze Sache einmal aus humoristischer Sicht und garantiert subjektiv aufzuarbeiten. Schließlich streben nach der buddhistischen Lehre alle Menschen nach dauerhaftem Glück und es soll vereinzelt Menschen geben, die bringt Lachen auf dem Weg dahin ein Stück weiter.«[28]

Wenn wir die vielen veröffentlichten Karikaturen, Anekdoten und Witze näher betrachten, finden wir einige behandelte Themen. Ich fasse sie hier unter den Gruppen »buddhistische Tugenden« (Abgeklärtheit, Gewaltverzicht, Herzensgüte, Nicht-Begehren, Nicht-Anhaften, Gelassenheit) und » Weg und Ziel « (Nirvana, Erleuchtung, Sinn des Lebens, Befreiung, Meditation, Buddhanatur) zusammen.

Mit Ironie oder sogar Selbstironie werden diese Begriffe karikiert und Buddhisten ein Spiegel vorgehalten. Ein Buddhist, der seit Jahrzehnten meditiert, gab mir dazu ein praktisches Beispiel aus seiner eigenen Erfahrung: Er reiste für drei Wochen nach Japan zu seinem Meister, in der Hoffnung, große spirituelle Fortschritte zu machen. Jedes Mal, wenn er sich zur Meditation hinsetzte, sah er vor seinem inneren Auge seinen Weinkeller und ordnete ihn in Gedanken! Mit den humoristischen Veröffentlichungen werden solche und ähnliche Begebenheiten schmunzelnd dargestellt und damit gezeigt, dass Buddhisten und Buddhistinnen in erster Linie Menschen mit allen menschlichen Eigenschaften sind.

Grenzen des Humors

Nach den vorangegangenen Erläuterungen scheint es sehr unwahrscheinlich zu sein, dass Buddhisten einen Karikaturenkrieg entfesseln, wie ihn die Mohammed-Karikaturen bewirkt haben. Und trotzdem müssen wir beachten, dass Buddhisten durch unsachgemäße oder entweihende Verwendung des Buddha oder buddhistischer Symbole verletzt werden können. Wenn wir sehen, mit welchem Respekt der Buddha von Gläubigen behandelt wird, sollte es uns schwer fallen, den Buddha als exotische Figur zu behandeln oder ihn als Werbeträger zu missbrauchen.

Zusammenfassung

Humor finden wir in den verschiedenen Richtungen des Buddhismus. Abhängig von dem jeweiligen kulturellen Hintergrund lassen sich auch unterschiedliche Funktionen des Humors feststellen. Besonders im Zen ist Humor ein Mittel zur Belehrung, respektive wird die Belehrung durch Humor vermittelt.

Auch wenn Buddhisten kaum gewaltsam gegen die blasphemische Verwendung des Buddha klagen würden, sollten wir auf ihre Gefühle Rücksicht nehmen und den Buddha und buddhistische Symbole mit Respekt behandeln. [29]

Anmerkungen

[1] Werner Thiede: Das verheißene Lachen. Humor in theologischer Perspektive. Göttingen 1986.

[2] Hans-Joachim Klimkeit: Der Buddha, Leben und Lehre. Stuttgart/Berlin/Köln 1990. S. 118.

[3] Die Lehren des Buddha aus der Angereihten Sammlung. Anguttara-Nikaya. Neue Gesamtausgabe in fünf Bänden. 1. Band. Aus dem Pâli übersetzt von Nyanatiloka. Überarbeitet und herausgegeben von Nyanaponika. Freiburg i. B. 4. Aufl. 1984. S. 220.

[4] Auf folgender Homepage sind zehn Beispiele: www.univie.ac.at/rel_jap/ikon/bilder_hotei.htm

[5] Foto von Christoph Peter Baumann.

[6] S.K. Ramachandra: Buddha. Comic. Illlustrator: Souren Roy. India Book House 2001. Amar Chitra Katha. Vol. No. 510.

[7] Subba Rao: Angulimala. The Robber who become a Saint. Comic. Illlustrator: Pratap Mulick. India Book House. Amar Chitra Katha. Vol. No. 521.

[8] Daizohkutsu R. Ohtsu: Der Ochs und sein Hirte. Eine altchinesische Zen-Geschichte. Erläutert von Meister Daizohkutsu R. Ohtsu mit japanischen Bildern aus dem 15. Jahrhundert. Übersetzt von Koichi Tsujimura und Hartmut Buchner. Pfullingen 1958. 2. Aufl. 1973.

[9] Siehe dazu auch: Martin Baumann: Deutsche Buddhisten. Geschichte und Gemeinschaften. Marburg 1993.

[10] Blanche Christine Olschak: Die Heiterkeit der Seele. Jenseits von Leid. Wege der tibetischen Lebensphilosophie und Alltagspsychologie. Mit Zeichnungen und Erklärungen von Tsenshab Tülku. Zürich. 1988. S. 17.

[11] ebd. S. 22f.

[12] Karikatur © Pit Hammann, Frankfurt am Main.

[13] Ole Nydahl: Die Buddhas vom Dach der Welt. Mein Weg zu den Lamas. Düsseldorf 1979.

[14] Georg Schmid 2001: www.relinfo.ch/nydahl/info.html

[15] Deshimaru-Roshi Taisen: ZA-ZEN. Die Praxis des ZEN. Herausgegeben von Janine Monnot und Vincent Bardet. Weidenthal 3.Aufl 1984. S. 21.

[16] Daisetz Teitaro Suzuki: Die große Befreiung. Einführung in den Zen-Buddhismus. Mit einem Geleitwort von C.G.Jung. (Zürich 1958) Bern 14. Aufl. 1990.

[17] ebd. S. 49f.

[18] Lexikon des Buddhismus. CD-ROM-Ausgabe, Bd. 1. Berlin 2004. S. 240.

[19] ebd. S. 313.

[20] Janwillem van de Wetering: Der leere Spiegel. Erfahrungen in einem japanischen Zen-Kloster. Deutsch von Herbert Graf. Reinbek bei Hamburg 24. Aufl. 2003.

[21] Janwillem van de Wetering: Ein Blick ins Nichts. Erfahrungen in einer amerikanischen Zen-Gemeinde. Aus dem Amerikanischen von Klaus Schomburg. Reinbek bei Hamburg 1997.

[22] Janwillem van de Wetering: Das Koan und andere Zen-Geschichten. Reinbek bei Hamburg 1996.

[23] Jean-Claude Carrière: Der Kreis der Lügner. Die Weisheit der Welt in Geschichten. München und Zürich 1999. S. 110.

[24] Alex Ignatius: Die zensationellen Abenteuer des Pilger Mu. Haldenwang 1986.

[25] www.cartoonstock.com

[26] John Morris auf www.cartoonstock.com

[27] Chris Wildt auf www.cartoonstock.com

[28] www.karikatur-cartoon.de/buddhismus.htm

[29] Siehe dazu auch: Christoph Peter Baumann: Der Knigge der Weltreligionen. Feste, Brauchtum und Verhalten auf einen Blick. Stuttgart 2005. S. 132-152, besonders S. 143.

Humor in der Kritik an Religionen

In den vorangehenden Kapiteln betrachteten wir den Humor jeweils auf eine Religion bezogen. Im letzten Kapitel beschäftigen wir uns damit, wie sich der Humor in der Auseinandersetzung mit den Religionen zeigt, wie er als Ventil dienen kann und zum Teil sogar als »Waffe« verwendet wird.

Die Probleme, welche die Mohammed-Karikaturen in der islamischen Welt verursacht haben, sollen hier nicht nochmals aufgerollt werden, sondern nur zeigen, wie sich der »Humor« auswirken kann, wenn er als »Waffe« missbraucht wird. Dass auch innerislamisch Kritik an der eigenen Religion, respektive an deren Exponenten, geübt wird, ist im Kapitel »Islam«, dort im Unterkapitel »Humor in der islamischen Welt« beschrieben.

Ein großer Teil der Witze und Karikaturen über Juden und das Judentum kritisieren diese Religion, ihre Gläubigen und ihre Lebensweise. Die Grenzen zwischen humoristisch und antisemitisch sind dabei fließend.

In den indischen Religionen finden wir Kritik innerhalb einer Religion und zwischen den Religionen. Innerhalb des Hinduismus ist es vor allem die vermeintliche Überlegenheit der Priesterkaste über den anderen Kasten, die in Witzen kritisiert wird. Zwischen den Religionen sind es die »üblichen« Sticheleien, wie im nächsten Abschnitt kurz erläutert wird.

In verschiedenen Formen des Buddhismus finden wir Kritik und Selbstkritik. Ein Beispiel aus »Pradipdham«, der Zeitschrift des Srinagarindravararam, ist im Kapitel »Buddhismus«, Unterkapitel »Theravada-Buddhismus«, zu finden.

In Deutschland, in der Schweiz und in den meisten Ländern der Welt herrscht religiöse Pluralität. Deshalb ist der Dialog auf allen möglichen Ebenen notwendig. Es gibt »Runde Tische der Religionen« und weitere Aktivitäten, Gruppierungen und unzählige Bücher zu diesem Thema.[1] Ist aber der »interreligiöse Dialog« mehr als ein Schlagwort? Darüber gehen die Meinungen weit auseinander. Während er für die einen die Lösung fast aller Probleme liefert, ist er für die anderen unrealistisch oder den eigenen Glauben verfälschend. Auch Karikaturisten haben sich des Themas angenommen.

Tiki Küstenmacher zeichnete den interreligiösen Dialog kritisch:[2]

» Nein, den haben nur wir, nur wir! Und das wird unseren Glauben stärken!«

Kritik am Christentum

Im deutschsprachigen Raum ist das Christentum immer noch die vorherrschende Religion. Deshalb richtet sich die Kritik zuerst einmal gegen das Christentum im Allgemeinen und die Kirchen im Speziellen. Dies ist allerdings nichts Neues, denn seit es das Christentum gibt, wird es angefeindet. Im 20. Jahrhundert hat diese Feindschaft eine Hochblüte erreicht, die zwar weniger spektakulär ist, aber bis heute ihre Auswirkungen hat. Der provokative Slogan »Gott ist tot!«, der weltweit bekannt wurde, wird dem Philosophen Friedrich Nietzsche (1844-1900) zugeschrieben.

Die »Gott-ist-tot-Theologie« im engeren Sinne entstand in den 1960er-Jahren in den USA und kann als Protest gegen die Oberflächlichkeit, mit der in Amerika von Gott geredet wurde, und gegen den damit verbundenen religiös verbrämten Nationalismus verstanden werden.[3] Dafür und dagegen wurden zahlreiche Bücher geschrieben. Nachdem die ersten Bücher zur »Gott-ist-tot-Theologie« erschienen waren, soll ein Atheistenverband einen besorgten Brief veröffentlicht haben: »Gegen wen sollen wir nun kämpfen, wenn Gott tot ist?«[4]

Die Internetseite »Atheismus.ch« hat es sich zur Aufgabe gemacht, gegen die Religionen im Allgemeinen und die Kirchen im Besonderen einen Feldzug zu führen. Was das mit Humor zu tun hat? Nun, die Macherinnen und Macher stellen Druckvorlagen für Shirts zur Verfügung,[5] darunter auch mehrere Karikaturen wie die folgende:

www.atheismus.ch

Dazu findet man den Kommentar:
»*Dass Gott tot ist, wissen wir spätestens seit der großartigen Arbeit von Friedrich Nietzsche. Gerne empfehle ich bei dieser Gelegenheit Nietzsches ›Der Antichrist‹ zur Lektüre.*«[6]

Dass nicht alles, was auf dieser Internetseite verfasst wird, ernst genommen werden muss, wird spätestens bei der folgenden Fußnote sichtbar: »An alle, denen es an Humor mangelt: Bitte Satiremodus einschalten!« Von kirchlicher Seite wird auf solche Angriffe jedoch meistens mit Humor reagiert.

Übrigens hat sich bereits der bekannte Schriftsteller Erich Kästner mit dem Thema beschäftigt. Aus seinem Gedicht »Dem Revolutionär Jesus zum Geburtstag«[7] entnehmen wir zwei Verse:

»Zweitausend Jahre sind es fast,
seit du die Welt verlassen hast,
du Opferlamm des Lebens!
Du gabst den Armen ihren Gott.
Du littest durch der Reichen Spott.

Du tatest es vergebens! […]
Da hilft kein Zorn. Da hilft kein Spott.
Da hilft kein Weinen, hilft kein Beten.
Die Nachricht stimmt! Der liebe Gott
ist aus der Kirche ausgetreten.«[8]

Die Beispiele zeigen, dass Kirchenkritik nicht mit Humorlosigkeit gepaart sein muss.

Neben der generellen Kirchenkritik gibt es die fallbezogene Kritik, so zum Beispiel an Bischof Kurt Krenn (St. Pölten bei Wien), der 1997 in sexuelle Übergriffe verwickelt war. Mehrere Zeichner, so zum Beispiel Manfred Deix, setzten dies in satirische Zeichnungen um. In der Schweiz beschäftigten sich Karikaturisten gleich mit zwei Bischöfen kritisch.

Der erste Fall betraf Wolfgang Haas, den damaligen Bischof von Chur und jetzigen Erzbischof von Vaduz in Liechtenstein. In den 1990er-Jahren lieferte der erzkonservative bis erzreaktionäre Bischof Schlagzeilen, weil er das Rad der Zeit um mindestens zweihundert Jahre zurück drehen wollte. Mittels unzähliger Karikaturen und Witze in Tageszeitungen, Zeitschriften und anderen Medien wurde der ungeliebte Kirchenmann kritisiert. Als Haas 1997 endlich Chur verlassen musste, wurde er nochmals karikiert. Ein Karikaturist zeichnete ihn vor der lachenden Bevölkerung von Chur, wie er mit geschultertem Bischofstab und dem Koffer in der Hand davon schritt. Der Zeichner fügte neben dem Kopf von Haas die Gedankenblase ein: »Wenn ich das gewusst hätte, wäre ich Ayatollah geworden!«.

Der zweite Fall betrifft den Streit des Pfarradministrators Sabo im Schweizer Dorf Röschenz mit Bischof Koch. Sabo war 2005 vom Bischof die Missio canonica (kirchliche Lehrbefugnis) entzogen worden. Auch hier diente und dient der Humor dem legitimen Anliegen, Kritik zu äußern.

Selbst Päpste sind vor Kritik mittels Karikaturen und Witzen nicht gefeit. Allein die in Humor verpackte Kritik an Johannes Paul II. (1920-2005) würde ein Buch füllen. Sein Nachfolger, Papst Benedikt XVI., hatte sich schon als Kardinal Ratzinger viele Feinde gemacht. Als Papst hat sich daran nicht viel geändert, außer dass »Paparazzi« – so sein Spitzname – noch mehr im Rampenlicht steht, weil er es meisterhaft versteht, in Fettnäpfe zu treten. Sowohl bei seiner Rede in Regensburg (2006) als auch bei seinem neuesten Angriff auf die Behörden Roms im Januar 2008: Papst Benedikt der XVI. lässt offensichtlich keine Gelegenheit aus, Menschen gegen sich aufzubringen. Deshalb sind die Karikaturen gegen ihn sehr deutlich. Der Karikaturist und ehemalige Kapuzinerpater Gregor Müller geißelt mit seinen Karikaturen den »neuen vatikanischen Wind«, den Konservativismus. Laut Müller ist der neue Papst-Stuhl eine Konstruktion aus Stahlbeton. In einer weiteren Zeichnung lässt er Kardinäle einen Sarg mit der Aufschrift »Dialog« ins Grab legen.

Kritik von Freidenkern und Atheisten

Dass Religionen im Allgemeinen und die Kirchen im Speziellen von Freidenkern und Atheisten kritisiert werden, sahen wir bereits. Manche von ihnen benutzen Humor als Mittel der Kritik.
Die Begriffe »Freidenker« und »Atheisten« werden oft synonym verwendet. Damit sind viele Freidenker einverstanden, aber nicht alle.

»Mit der Aufforderung ›Denken statt glauben‹ messen frei Denkende, als organisierte Gruppe ›Freidenker‹ genannt, dem selbstverantwortlichen Denken, dem Vor-, Mit- und Nachdenken als Inbegriff individueller Tätigkeit, Vorrang vor jeder anderen geistigen Leistung zu.«[9]

Eine Befragung von 1983 ergab, dass 55 Prozent der Freidenker sich als Atheisten bezeichneten, 19 Prozent als undogmatische Theisten, 18 Prozent als Agnostiker und 8 Prozent als Pantheisten.[10]
In der Monatsschrift »Freidenker« der »Freidenker-Vereinigung der Schweiz« erscheinen regelmässig Cartoons und Karikaturen. Reta Caspar, die verantwortliche Redaktorin, will mit Humor auf Dogmatismus antworten. Ihr und dem Vorstand der Vereinigung ist es ein Anliegen, eine nichtagressive historische Betrachtung, die auf der Evolution ba-

siert, zu vertreten. So habe sich beispielsweise der Polytheismus mit einem Glauben an 2000 Götter auf einen Gott reduziert, der im Fortgang der Evolution auch noch ganz weggelassen werden könne.
Reta Caspar bedauert, dass es kaum Witze von Freidenkern über Freidenker gibt. Sie schreibt zur Auswahl der Cartoons im »Freidenker«:

»*Cartoons werden wiedergegeben wenn sie entweder:*
1. im Sinne von Richard Dawkins pointierter Aussage: ›*We are all atheists about most of the gods that humanity has ever believed in. Some of us just go one god further*‹ *einen historischen Blick auf die Evolution der Religionen und ihre Funktion in der Gesellschaft werfen, oder*
2. religiöse Institutionen und ihren Umgang mit Macht entlarven, oder
3. Gottesbilder oder Dogmen und ihre Konsequenzen auf den Punkt bringen, oder
4. einen kritischen Blick auf nichtreligiöse Fundamentalismen und Ideologien werfen, oder
5. gerne, aber leider selten: Unarten von Nichtreligiösen aufs Korn nehmen.
Nicht wiedergegeben werden Cartoons, die einzelne Gläubige lächerlich machen, oder Kirchen-bashing betreiben.«[11]

Viele Witze oder Karikaturen könnten sogar von Christen verwendet werden, so zum Beispiel der folgende Witz über Gott:

»*Meine beste Schöpfung ist der Humor. Ironie ist, dass offenbar jene Leute, die an mich glauben, meist keinen haben ...*«.[12]

Kritik von Christen an Freidenkern und Atheisten

Für viele Christen ist die Glaubenshaltung – oder wohl eher: »Unglaubenshaltung« – von Freidenkern und Atheisten unverständlich. Ihr Credo lautet: »Man muss doch an etwas glauben!«. Auch manche Christen benutzen Humor als Mittel der Kritik.
Von theologischer Seite aus war es Rudolph Otto, der im Jahr 1917 eine Religionstheorie aufstellte, in der er feststellte, dass die Anlage für religiöses Empfinden in jedem Menschen grundsätzlich gegeben sei. Manche Menschen wüssten nur nichts von dieser Veranlagung ...[13]
Aus dieser Haltung entstehen viele Witze, wie das folgende Beispiel:

Frage eines Kindes:
»*Sag mal, weiß der liebe Gott eigentlich, dass wir gar nicht an ihn glauben?*«

Atheisten wird von Gläubigen oft der Verstand abgesprochen, was im folgenden Wanderwitz illustriert wird:

»*In einem Streitgespräch über religiöse Fragen lehnt einer der Teilnehmer die Existenz alles Übernatürlichen radikal ab.* ›*Sie glauben also an gar nichts?*‹ *fragt ihn ein Geistlicher.*
›*Ich glaube nur an das, was ich mit meinem Verstand begreifen kann.*‹
Der Geistliche zuckt mit den Achseln und sagt: ›*Nun ja, das kommt letzten Endes aufs gleiche heraus.*‹«

Hier wird wieder einmal mehr der Humor verwendet, um eine uns unverständliche Haltung ins Lächerliche zu ziehen. Ob damit die Argumente der Glaubenden stichhaltiger werden, bleibe dahin gestellt.

Kritik an Religionen und Kirchen anlässlich der Fasnacht

Bei einer besonderen Gelegenheit können wir Kritik an Religionen und Kirchen finden, nämlich anlässlich der Fasnacht. So verschieden wie die Namen[14] – Fasnacht, Fastnacht, Fasching, Karneval – sind auch die Bräuche. Einigkeit besteht darin, dass anlässlich der Fasnacht Humor, Ironie und Satire nicht nur erlaubt, sondern sogar erwünscht sind. Dabei werden die Religionen und Kirchen im Allgemeinen oder einzelne Würdenträger im Besonderen karikiert. Uriella, die Führerin der umstrittenen Religionsgemeinschaft »Fiat Lux» wurde gleichermaßen persifliert wie der hoch geachtete Dalai Lama, der Basel besucht und durch die Kritik von evangelikaler Seite für Schlagzeilen gesorgt hatte.
Besonders die römisch-katholische Kirche wird kritisch und humoristisch dargestellt. Sie bietet mehr Angriffsfläche und ist leichter zu karikieren als die evangelischen Kirchen. Es gibt wohl kaum eine Fasnacht, an der nicht mindestens ein »Papst« oder »Bischof« den Zuschauenden vorgeführt wird. Viele dieser Darstellungen sind eher harmlos, manche satirisch und einzelne so bitterböse bis gemein, dass es schwer fällt, noch Humor darin zu sehen. Die Fasnacht kann als Ventil dienen, um Personen und Ereig-

nisse aus Kirchen und Religionen zu karikieren. Die Grenzen zwischen Karikatur und Beleidigung sind fließend. Dort aber, wo religiöse Gefühle verletzt werden, hört der Humor auf.

Anmerkungen

1 So zum Beispiel die unzähligen Bücher von Professor Hans Küng.

2 Karikatur © Tiki Küstenmacher, Gröbenzell.

3 http://www.bible-only.org/german/handbuch/Gott-ist-tot-Theologie.html

4 Quelle unbekannt. Ich hörte die Anekdote in einem Theologie-Seminar.

5 http://atheismus.ch/02_aktuell/01_werbung/kleider_bedrucken

6 http://atheismus.ch/02_aktuell/01_werbung/kleider_bedrucken

7 Aus: Sylvia List (Hg.): Das große Erich Kästner Lesebuch. München 1999.

8 Den zweiten Vers gibt es in mehreren Varianten. Wahrscheinlich ist diese die ursprüngliche.

9 Aus der Selbstdarstellung der »Freidenker Vereinigung der Schweiz«, www.inforel.ch/11027

10 Mail von Reta Caspar, Redaktion der Monatsschrift »Freidenker«.

11 Mail von Reta Caspar an den Autor, 24.6.2007.

12 Freidenker 11/05, S. 3.

13 Die Gretchenfrage. Zur Rolle der Frau in der Evolution der Religion. Ein Comic von Chris Baumann und Kathrin Thumerer. Institut für Religionswissenschaft der Universität Heidelberg 2007/8. S. 6.

14 Als »Lokalpatriot« benutze ich den in Basel üblichen Begriff »Fasnacht«.